À la lumière de l'hébreu biblique

L'ÉPREUVE

Amélie Perrin

ÉDITIONS BIBLI'O

Direction :
Jonathan Boulet
Direction éditoriale :
Sara Landes
Édition & fabrication :
Sara Landes et Ana Aurouze
Composition :
Éric Gentner
Couverture :
Cédrick Fernandez

ISBN : 9782386230097
BIB303967
Dépôt légal : 4e trimestre 2024
Imprimé en République Tchèque
editionsbiblio.fr

En souvenir des six ginkgos bilobas d'Hiroshima, seuls survivants, le 6 août 1945, de l'une des pires catastrophes provoquées par des hommes afin d'en anéantir d'autres. L'élévation vers les cieux de leurs bourgeons au printemps suivant témoigne, à jamais, d'une transfiguration toujours possible de ce qui nous éprouve au plus profond.

À L'ORÉE DU BOIS

Ce livre est l'arbre qui cache la forêt, celle de la collection « À la lumière de l'הébreu bibliקue » dans laquelle nous explorons le jardin des Écritures en nous arrêtant, volume après volume, sur les différentes essences qui s'y rencontrent.

À chaque espèce d'arbre correspondra un thème abordé, que nous mettrons à l'honneur selon une arborescence en quatre chapitres : les racines, le tronc, les branches et les fruits. De la sorte, la silhouette de chaque arbre sera esquissée dans sa spécificité.

Cette exploration aura toujours pour intention de revenir au texte source de l'Ancien Testament afin d'en révéler les ressources. Nous avancerons au plus près du texte biblique, au rythme des mots hébraïques dont la mélodie repose sur un alphabet consonantique.

Lettre	Nom	Translittération	Prononciation (la plus courante)
א	**'alèph**	ʼ	silence
בּ	**bèṯ**	b	b
ב		ḇ	v
גּ	**gimèl**	g	g *(ex : Goliath)*
ג		g̱	
דּ	**dalèṯ**	d	d
ד		ḏ	
ה	**hé**	h	h expiré *(ex : hot en anglais)*
ו	**waw**	w	v
ז	**zayin**	z	z *(ex : Zacharie)*
ח	**ḥèṯ**	ḥ	kh *(ex : Mohammed en arabe)*
ט	**ṭèṯ**	ṭ	t
י	**yoḏ**	y	y *(ex : yoga)*
כּ	**kaph**	k	k
ך כ		kh	kh *(ex : Bach en allemand)*
ל	**lamèḏ**	l	l
ם מ	**mèm**	m	m
ן נ	**noun**	n	n
ס	**samèkh**	s	s
ע	**'ayin**	ʽ	son guttural (le plus souvent, non prononcé aujourd'hui)
פּ	**pé**	p	p
ף פ		ph	f
ץ צ	**tsadé**	ts	ts *(ex : tsunami)*
ק	**qoph**	q	q
ר	**rèsh**	r	r roulé
שׂ	**sin**	s	s
שׁ	**shin**	sh	ch
תּ	**taw**	t	t
ת		ṯ	

Exemple : אַשְׁרֵי־הָאִישׁ (lu comme il se doit de droite à gauche) : *'ashré-ha'ish*

אַשְׁרֵי־הָאִישׁ *('ashré-ha'ish)*

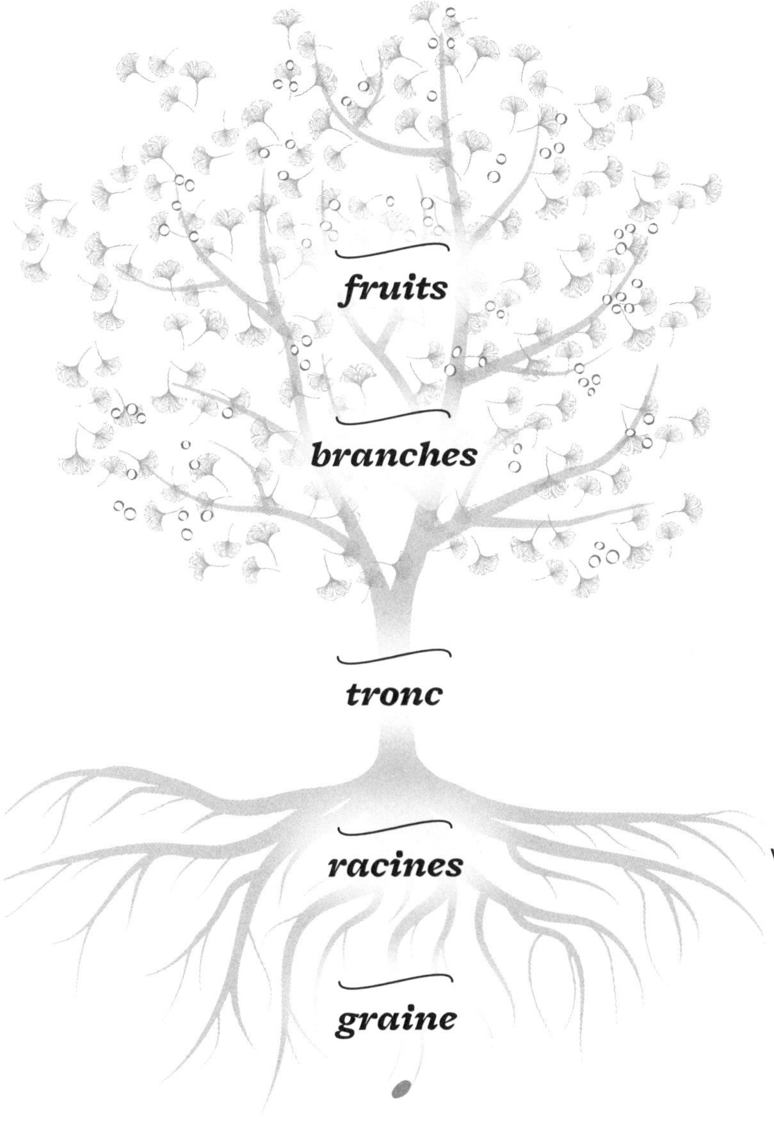

SOMMAIRE

Les textes bibliques cités le sont selon la *Traduction œcuménique de la Bible* (2010), ponctuellement complétée par la *Nouvelle Bible Segond*.

Quand une traduction plus littérale du texte hébraïque s'avère décisive pour l'étude, nous traduirons personnellement le texte – issu de la *Biblia Hebraica Stuttgartensia* (1997) – en remplaçant le Tétragramme par l'appellation « Adonay », conformément à la tradition juive.

La numérotation des psaumes est celle de la Bible hébraïque (texte massorétique).

graine

Graine

Quel est l'homme[1] qui n'a jamais été éprouvé ? Si nul ne peut le déclarer, rares sont ceux qui ont pu dépasser l'épreuve sans vaciller. Toute épreuve bouscule en des intensités telles que le danger est toujours qu'elle nous fasse chavirer. Le péril est bien réel et d'autant plus grand que les désagréments venant nous affecter sont nombreux. Nous sommes si souvent heurtés par tout ce qui nous laisse seuls face à ce qui nous éprouve. N'est-ce pas cependant omettre qu'une épreuve est aussi une mise à l'épreuve causée par un autre ? Ainsi comprise, l'épreuve devient une question éminemment relationnelle. Dès lors, la nature même de ce qui est éprouvant passe au second plan, au profit de l'identité de cet autre qui nous éprouve. Mais qui est-il et quels sont ses desseins ? Souhaite-il nous faire chuter ou veut-il nous voir triompher ?

Si l'épreuve n'a jamais vocation à nous immobiliser, c'est avant tout parce que nous sommes appelés à la traverser et à la dépasser. C'est dire si elle est un tournant important sur le chemin de l'homme, une étape décisive qu'il s'agit d'aborder sans appréhension, mais avec foi et détermination. Dans les évangiles, la parabole du semeur[2] le rappelle : au temps de l'adversité, ne pas être suffisamment enraciné dans la Pa-

1 Cette appellation est à entendre comme l'homme et la femme.

2 Mt 13.1-23 ; Mc 4.1-20 ; Lc 8.4-15.

role de Dieu expose au risque de l'abandonner. Or c'est elle qui nous permet de tenir bon et d'avancer. Elle est cette semence qui contient tout ce dont nous avons besoin pour surmonter ce qui vient nous perturber. Qu'il s'agisse d'épreuve, de test, de tentation, voire de tribulation, la Bible présente chacune de ces réalités en précisant le comportement à adopter. S'y référer, c'est nous interroger : tous ces moments éprouvants nous éprouvent-ils vraiment ? Il est en effet possible de se sentir éprouvé sans l'être à proprement parler ou de l'être sans même y avoir pensé. Autant dire que des repères sont nécessaires pour discerner et se positionner.

Plusieurs d'entre eux sont délivrés dans l'Ancien Testament. Une lecture au plus près du texte hébraïque les révèle avec clarté et précision. On apprendra du peuple d'Israël que toute épreuve véritable, toute mise à l'épreuve authentique n'a pas pour intention de nous faire chanceler, encore moins de nous malmener. Ces expériences éprouvantes visent plutôt à nous fortifier. Être éprouvé est avant tout l'occasion de se dépasser, de s'affermir pour s'accomplir en portant « des fruits à force de persévérance » (Lc 8.15), comme nous y invite la parabole du semeur. C'est que l'accueil de la Parole se fait en une terre préparée, patiemment labourée par les épreuves notamment. Quoi de mieux alors pour notre croissance que de plonger dans les livres de la Bible hébraïque pour retrouver les racines des mots qui permettront de gravir l'arbre de l'épreuve jusqu'à ses fruits, son tronc et ses branches nous apportant les tuteurs indispensables pour nous élever vers les cimes ?

racines

3 lettres, 1 racine

Comment l'Ancien Testament évoque-t-il l'épreuve en hébreu biblique ? Différents termes en rendent compte, mais tous ont la même caractéristique : ils s'écrivent avec les lettres hébraïques נסה (נ *nun* – ס *samèkh* – ה *hé*). Cela revient à dire que tous les mots appartenant au champ lexical de l'épreuve sont formés à partir de ces trois consonnes[1]. On appelle cette ossature commune une racine. Formée le plus souvent d'un ensemble de trois lettres, elle est à la base de chaque mot et exprime une idée générale. L'ajout de préfixes et/ou de suffixes de part et d'autre d'elle permet d'apporter les nuances entre les termes.

Qu'en est-il de la racine נסה, celle de l'épreuve ? En explorant la Bible hébraïque par le biais de sa langue et de la genèse de ses mots, Raphaël Hirsch, rabbin allemand du XIXe siècle, apporte des précisions importantes à ce travail d'identification. Celui-ci s'avère indispensable, car si nous voulons retrouver l'essence même d'une épreuve en hébreu biblique, une étude philologique est nécessaire. Or Raphaël Hirsch fait partie de ces maîtres de la tradition juive, comme l'ont été plusieurs siècles auparavant Abraham Ibn Ezra ou David Kim'ḥi, qui ont su mettre leurs connaissances fines de

1 Les voyelles n'existant pas en hébreu biblique, une lettre est de fait une consonne.

la langue hébraïque au service du texte biblique. Raphaël Hirsch, en outre, s'est efforcé tout au long de ses commentaires de souligner l'interdépendance entre les mots[2]. Un terme de la Bible hébraïque ne peut de fait être considéré seul, sa signification étant en lien avec d'autres. Pour tout cela, les travaux de ce rabbin semblent incontournables.

Après avoir étudié les consonnes נסה de l'épreuve, il affirme que cette dernière permet à la personne éprouvée d'accéder « à une vision plus élevée que celle qu'[elle] possédait[3] ». La mise à l'épreuve suscite chez elle de nouvelles perspectives, notamment « la capacité de résister et de vaincre[4] ». D'après Hirsch, l'épreuve serait une occasion de « donner [aux forces physiques ou morales] à remplir une tâche à laquelle elles n'ont jamais été affectées. Chaque tentative est de ce fait un progrès, constitue un affermissement et un renforcement des forces certes déjà existantes, mais n'ayant jamais été appliquées à cette fonction plus haute ou plus lointaine[5]. » Le rabbin en conclut que « chaque épreuve est une élévation[6] ». En cela, il confirme ce que son homologue français Rachi écrivait au Moyen Âge à propos de ce

---

2 Voir Matityahu Clark, *Etymological Dictionary of Biblical Hebrew: Based on the Commentaries of Samson Raphaël Hirsch*, Jérusalem/New York, Feldheim Publishers, 1999, p. 293 : « Central to Hirsch's approach to the Hebrew language is the interdependency of Hebrew words. »

3 Samson Raphaël Hirsch, *Commentaires du Pentateuque*, t. I, *Bereshit – Genèse*, Jérusalem, Kountrass, 2003, p. 292.

4 Samson Raphaël Hirsch, *Commentaires du Pentateuque*, t. II, *Chemoth – Exode*, Jérusalem, Kountrass, 2003, p. 28.

5 Samson Raphaël Hirsch, *Commentaires du Pentateuque*, t. I, *op. cit.*, p. 542.

6 *Ibid.*, p. 292.

même groupe de consonnes, en indiquant que la racine נסה repose sur « l'idée d'élévation et de grandeur[7] ».

Cette première approche relie donc l'épreuve aux notions de dépassement et d'accomplissement. Il en irait d'elle comme d'une invitation à croître. Reste à le confirmer par une étude plus large d'autres racines hébraïques qui lui sont communément associées.

7 Rachi, *Commentaires du Pentateuque*, Ex 20.16 [en ligne : sefarim.fr].

Racines proches mais différentes

L'une d'entre elles est formée des lettres בחן (ב *bèṯ* - ח *ḥèṯ* - ן *nun*), traduite le plus souvent dans nos Bibles par le verbe *éprouver,* alors que les consonnes qui la composent sont différentes de נסה. Le choix d'utiliser un même terme en français laisse entendre que ces deux racines hébraïques ont une signification identique. Leurs consonnes étant néanmoins différentes, leur sens ne peut que l'être également. Malheureusement, l'emploi de cet unique verbe en français fait disparaître toute différenciation. Par exemple, quand Job prononce ces mots : « Pourtant il sait quel chemin est le mien, s'il m'éprouve[8], j'en sortirai pur comme l'or[9] » (Jb 23.10), nous ignorons de quelle racine il s'agit. Serait-ce du groupe de lettres נסה dont il est fait mention dans le texte hébraïque ou, au contraire, de בחן ? Dans la mesure où des nuances existent bel et bien entre ces deux racines, cette interrogation est essentielle. Reste à les identifier et à les restituer.

En parcourant les travaux de Raphaël Hirsch[10], nous apprenons que la racine בחן, qui est celle qui figure dans ce verset du livre de Job, est utilisée lorsque nous souhaitons mettre quelque chose à l'essai. C'est ainsi que nous procé-

8 Nous soulignons.

9 Autre traduction : « Il connaît pourtant la voie où je me tiens ; quand il m'aura éprouvé, je sortirai pur comme l'or » (version NBS).

10 Matityahu Clark, *op. cit.*, p. 24.

dons avec certains matériaux. Job lui-même en témoigne en assimilant ce qu'il vit à la purification d'un métal qui, par divers tests, et notamment celui du feu, perd toutes ses scories. Par suite, et afin d'être au plus près de ce sens, nous pourrions remplacer le verbe *éprouver* de ce verset par *tester* : « Pourtant il sait quel chemin est le mien, s'il me <u>teste</u>[11], j'en sortirai pur comme l'or. » Cette phrase ainsi traduite, l'épreuve n'est plus confondue avec le test.

Cette précision est d'autant plus importante lorsque les deux racines se retrouvent côte à côte au sein de la même phrase. C'est le cas du psaume 26 quand, au verset 2, la racine נסה succède à בחן : « <u>Examine-moi</u> [בחן], SEIGNEUR, <u>soumets-moi à l'épreuve</u> [נסה], passe au feu mes reins et mon cœur[12]. » Par l'emploi ici deux termes différents en français, la distinction redevient manifeste. Elle pourrait d'ailleurs être précisée en entendant ces mots du psalmiste plus littéralement encore : « <u>Teste-moi</u> [בחן] Adonay [Tétragramme] et <u>éprouve-moi</u> [נסה][13]. » De la sorte, le test et l'épreuve se succèdent sans se confondre. Chaque mot retrouve sa signification et le texte, sa saveur.

Ce travail de différenciation au sein des similitudes fait la richesse des études de Raphaël Hirsch. Celui-ci essaie toujours de décrire la tonalité propre de chaque racine. Le commentaire qu'il fait de ce dernier verset en est l'illustration. Hirsch commence par affirmer que chacune de ces deux racines évoque l'idée d'un test. Il poursuit en indiquant que, si

---

11 Nous traduisons.

12 בְּחָנֵנִי יְהוָה וְנַסֵּנִי בְּחָנֵנִי יְהוָה וְנַסֵּנִי צְרוֹפָה כִלְיוֹתַי וְלִבִּי׃ (Ps 26.2).

13 Nous traduisons.

l'une (בחן) est utilisée principalement en lien avec les métaux, l'autre (נסה) l'est uniquement en référence aux êtres humains ou à Dieu. Et d'ajouter que si le test des métaux est un test de contenu, de qualité, de résistance et d'endurance, celui de l'épreuve est réalisé en vue de la performance, afin de voir ce que l'objet du test est capable d'accomplir[14].

Ainsi, nous pourrions faire du test un appel à résister et de l'épreuve une invitation à s'accomplir. Tester quelque chose, voire tester quelqu'un aurait pour objectif d'évaluer son endurance de manière à établir un bilan quant à sa résistance, alors qu'éprouver quelqu'un aurait pour dessein le déploiement de la personne mise à l'épreuve.

C'est dire si l'épreuve nécessite différentes prédispositions de la part de celui qui éprouve : une foi indéfectible en l'autre et en sa capacité à se dépasser, une très fine connaissance pour ajuster à sa personne la difficulté de l'épreuve, de même qu'un amour si délicat que, tout en lui proposant toujours d'aller au-delà, rien ne lui est jamais imposé. On devine ici toute l'exigence requise pour faire de ces instants déterminants dans la relation entre deux êtres une occasion de croissance. Les conditions et la vocation de l'épreuve ne sont donc pas celles du test. Elles ne sont pas non plus celles de la tentation. L'affirmer nécessite cependant d'établir une nouvelle distinction.

Les verbes *éprouver* et *tenter* apparaissant si souvent comme interchangeables, l'épreuve ne semble pas fonda-

14 Samson Raphaël Hirsch, *The Hirsch Tehilim*, Jérusalem/New York, Feldheim Publishers, 2018, p. 226.

mentalement différente de la tentation. Seulement, il n'en est rien. Pour preuve, la Bible hébraïque discrimine parfaitement les deux actions désignées par ces deux verbes. Et pour cause, l'hébreu biblique ne connaît pas de mot pour dire « tenter ». Seule une racine s'en approche. Il s'agit du groupe de consonnes סות (ס *samèkh* – ו *waw* – ת *taw*) qui, comme l'indique Raphaël Hirsch[15], exprime l'idée de prendre quelqu'un au piège afin d'atteindre un objectif ou de séduire. On trouve cette racine dans cet extrait du 1er livre des Chroniques : « Satan se dressa contre Israël et il incita [סות] David à dénombrer Israël » (1 Ch 21.1). À noter que si le Satan est ici sujet de ce verbe, il ne l'est pas toujours, des hommes eux-mêmes pouvant prendre au piège ou séduire. C'est le cas de la reine Jézabel dans cet extrait du 1er livre des Rois : « Il n'y eut vraiment personne comme Akhab pour se livrer à de mauvaises actions aux yeux du SEIGNEUR, car sa femme Jézabel l'avait dévoyé [סות] » (1 R 21.25). Une fois encore, deux réalités différentes se présentent à nous par le biais de deux racines hébraïques distinctes : celle de l'épreuve qui vise l'ascension de la personne tout en la laissant libre, et celle de la séduction, qui, à l'opposé, l'entraîne dans sa chute.

Cette clarté du texte hébraïque n'apparaît pourtant pas toujours dans nos traductions, notamment quand il s'agit des textes du Nouveau Testament écrits en grec. Pensons à la prière du *Notre Père* énoncée en l'Évangile de Matthieu (Mt 6.13). Est-il fait mention dans le texte original de l'épreuve ou de la tentation ? Règne là un certain flou. Pour le dissiper,

---

15 Matityahu Clark, *op. cit.*, p. 169.

précisons l'emploi de trois mots grecs que nous traduisons habituellement par les verbes *éprouver* ou *tenter*.

Le grec biblique utilise tout d'abord le terme *dokimé* (δοκιμή). Pierre en fait usage dans sa première épître, quand il s'adresse aux communautés chrétiennes. Il les invite à l'allégresse malgré les difficultés afin que, leur dit-il, « la qualité éprouvée de [leur] foi [...] se trouve être un sujet de louange, de gloire et d'honneur à la révélation de Jésus-Christ » (1 P 1.7). Traduit par « éprouver », ce verbe est en réalité à rapprocher de la racine hébraïque בחן qui, nous l'avons vu, exprime l'idée d'un test pour vérifier la valeur et la qualité d'une chose, notamment d'un métal par le feu.

Un deuxième mot est *peira* (πεῖρα). Il désigne l'action de faire une tentative. Même si ce mot est traduit par « tenter » dans cet extrait de Paul : « C'est par la foi qu'ils traversèrent la mer Rouge comme une terre sèche, tandis que les Égyptiens qui tentèrent d'en faire autant furent engloutis. » (He 11.29), il ne s'agit pas à proprement parler d'une tentation ou d'une épreuve, mais davantage d'un essai ou d'une expérimentation.

Enfin, un dernier terme, *peirasmos* (πειρασμός) désigne quant à lui à la fois l'épreuve et la tentation. Sachant que c'est précisément ce mot grec qui est employé dans la prière du *Notre Père*, nous ne pouvons plus être surpris, en ouvrant deux Bibles, de lire deux traductions différentes de ce même verset : « et ne nous conduis pas dans la tentation, mais délivre-nous du Tentateur » (Mt 6.13, TOB) ou « ne nous fais pas entrer dans l'épreuve, mais délivre-nous du Mauvais » (NBS).

S'ensuit que le grec biblique différencie l'épreuve, la tentative et le test, mais confond l'épreuve et la tentation. Or, quand ces dernières adviennent, il est évidemment difficile d'adopter le comportement approprié à la nature de la réalité qui se présente. La tentation semble être à rejeter au plus vite, mais en est-il de même de l'épreuve ? En d'autres termes, dois-je l'éviter jusqu'à la combattre ou, au contraire, l'accueillir comme un événement qui m'est profitable ? Pour le savoir, l'acquisition de repères en amont de l'expérience est nécessaire. Sans eux, il m'est impossible de donner du sens aux obstacles présents sur ma route. Je ne peux dès lors que les subir, restant désœuvré, si ce n'est désespéré, sans aucune possibilité d'avancer. Mais que faire d'autre si je ne dispose pas de réel moyen pour les franchir ? Pour cela, l'étude des mots par leurs racines m'est d'un grand secours. Parce qu'elle m'aide à identifier ce que l'épreuve n'est pas – ni un test ni une séduction – tout en précisant ce qu'elle est, la langue hébraïque me permet de discerner et d'agir. Reste à poursuivre cette analyse en observant les différents emplois du verbe *éprouver* en hébreu biblique.

Nuances

Quand il s'agit d'un verbe, l'idée générale exprimée par la racine à la base du mot s'enrichit de nuances. Elles sont apportées par la « construction verbale[16] » avec laquelle le verbe est conjugué[17]. Qu'en est-il donc pour la racine נסה ? En répertoriant tous les emplois du verbe *éprouver* dans la Bible hébraïque, nous constatons que ce groupe de consonnes n'apparaît qu'au pi'él, une des sept constructions verbales du système de conjugaison de l'hébreu biblique. Le pi'él traduit une action active et intensive. Cet emploi indique donc que l'épreuve est un acte qui, par essence, renferme une certaine force.

En revanche, ce verbe n'est pas utilisé dans des constructions qui expriment une action passive, réciproque ou réfléchie. Nous en déduisons, d'une part, que l'épreuve focalise davantage l'attention sur celui qui éprouve que sur celui qui est éprouvé et, d'autre part, qu'il n'est pas fait mention dans la Bible hébraïque d'hommes s'éprouvant eux-mêmes ou se mettant mutuellement à l'épreuve. D'ailleurs, les complé-

---

16 בִּנְיָן

17 Le système verbal de l'hébreu biblique n'est pas équivalent à celui du français. Il n'existe pas à proprement parler de mode ni de temps, mais des constructions verbales et des formes verbales. Il s'avère alors très difficile, voire impossible, d'établir des correspondances précises entre les conjugaisons de ces deux langues.

ments et les prépositions qui accompagnent ce verbe l'attestent : en hébreu biblique, une personne en éprouve une autre (complément d'objet) pour[18], c'est-à-dire en vue de quelque chose, ou avec[19], autrement dit au moyen de quelque chose. L'emploi relativement simple de ce verbe facilite ainsi l'approche de ses différentes occurrences, parsemées ici et là à travers les 24 livres de la Bible hébraïque.

18 Préposition ל.

19 Préposition ב.

Fréquence

En recensant tous les emplois de la racine נסה, nous constatons que ce groupe de consonnes est présent 36 fois en tant que verbe et 4 fois en tant que substantif[20] pour désigner une épreuve. Le total est donc de 40 occurrences, dont presque la moitié – 18 précisément – se concentre dans les cinq premiers livres de la Bible hébraïque[21], appelés Torah par la tradition juive ou Pentateuque par la tradition chrétienne. Cette racine apparaît dans la Genèse[22], lorsque Abraham gravit le Mont Moriah en compagnie de son fils Isaac, puis, un peu plus loin, quand les fils d'Israël entament, après leur sortie d'Égypte, une marche en direction de la Terre promise[23]. Ce dernier épisode regroupant l'essentiel de ces 18 emplois, retenons que dans l'Ancien Testament l'épreuve est associée tout particulièrement aux premiers temps du peuple hors d'Égypte. Ce constat est d'autant plus frappant que les 22 autres occurrences de cette racine présentes dans les deuxième et troisième parties de la Bible hébraïque font justement mémoire, pour la grande majorité

---

20 מַסָּה (nom féminin).

21 La Bible hébraïque est divisée en trois parties : la Torah (תּוֹרָה *tora*), les Prophètes (נְבִיאִים *nebi'im*) et les Écrits (כְּתוּבִים *ketoubim*).

22 Une occurrence.

23 Dix-sept occurrences.

d'entre elles, de cette longue marche des fils d'Israël dans le désert. Voilà qui ne peut que retenir notre attention.

Le nombre total d'occurrences de cette racine est aussi riche d'intérêt. Ce nombre, 40, résonne de manière singulière dans la Bible. Il correspond toujours à une période particulière dans l'histoire des hommes. Pensons par exemple au Déluge qui se déverse « 40 jours et 40 nuits » (Gn 7.12), aux « 40 jours et 40 nuits » (Ex 34.28) que Moïse passe sans manger au sommet du Mont Sinaï, ou encore aux « 40 jours » (1 S 17.16) pendant lesquels Goliath vient matin et soir provoquer les Israélites. À chaque fois, ces jours à part mettent au défi les hommes. Il en va ainsi de la population de Ninive qui, comme le raconte le livre de Jonas (Jon 3.3-8), jeûne pendant « 40 jours ». De même, le prophète Élie marche pendant « 40 jours » dans le désert alors qu'il fuit la reine Jézabel (1 R 19) et, dans le Nouveau Testament, Jésus séjourne pendant « 40 jours » dans le désert soumis à diverses tentations (Mc 1.13).

Si ces 40 occurrences de l'épreuve peuvent faire écho à ces 40 jours, que nous apprend par conséquent cette période ? Elle est d'abord un temps de difficultés, de défis et de combats, tout en étant aussi un temps de préparation et de maturation. Elle apparaît comme un intervalle temporel, un entre-deux en tout point inconfortable mais décisif pour la suite. Or il en est de même de l'épreuve : elle est à la fois une convocation de l'homme dans sa résistance, sa persévérance et sa foi, et un moment choisi pour un affermissement, un retournement et une éclosion. C'est qu'à l'instar de ces différentes périodes de 40 jours, le temps de l'épreuve est porteur de fécondité.

Enfin, 6 autres occurrences peuvent s'ajouter à ces dernières. Elles désignent une ville dénommée Massa[24]. Cette localité se situe dans le désert du Sinaï, près de Réphidim (Ex 17.1-7) ou près de Kadès (Nb 20.1-13) selon le livre qui en fait mention. Elle est le lieu où, pour la première fois, les hommes mettent Dieu à l'épreuve et se querellent avec Moïse. Ces deux actions donnent une double appellation à la ville : soit « Massa » qui, en hébreu, correspond précisément au mot *épreuve*, soit « Mériba[25] », qui signifie « querelle ». Cet exemple est une belle illustration de l'une des caractéristiques de l'hébreu biblique, à savoir rendre signifiant chaque nom propre.

24 מַסָּה
25 מְרִיבָה

Correspondance

Une autre caractéristique de la langue hébraïque est de tisser des liens entre les mots. Pour les révéler, il est d'usage dans la tradition juive d'associer des termes écrits avec les mêmes consonnes, mais dans un ordre dissemblable. Bien connue de l'Antiquité, cette pratique appelée tsérouph[26] permet, par une permutation des lettres, d'établir des correspondances entre des termes à la signification différente. Ce procédé de « combinatoire des lettres », comme l'appelle le rabbin Marc-Alain Ouaknin[27], enrichit la lecture des textes. Seulement, elle nécessite, pour être réalisée avec rigueur et pertinence, de répondre à des règles anciennes et précises

---

26 צֵרוּף

27 Marc-Alain Ouaknin, *Mystères de la kabbale*, Paris, Éditions Assouline, 2000, p. 303-304 : « La racine d'un mot hébraïque est formée en général de trois lettres. L'analyse combinatoire consiste à découvrir et mettre au jour toutes les combinaisons possibles.

« Elles sont au nombre de "n !", c'est-à-dire le nombre factoriel des lettres.

« Ainsi, un mot de trois lettres comportera "3! Combinaisons",

« soit 3 x 2 x 1 = 6 combinaisons.

« Un mot de quatre lettres aura "4! Combinaisons",

« soit 4 x 3 x 2 x 1 = 24 combinaisons.

« L'art du *tsérouf* consiste à déployer ces combinaisons et à en découvrir la logique interne et externe.

« Logique interne signifie articulation d'une certaine logique sémantique entre les différentes combinaisons.

« Logique externe implique une recherche d'articulation avec d'autres mots et d'autres horizons conceptuels qui se rapportent au sens découvert par la nouvelle combinaison. »

qu'il s'agit d'avoir reçues d'un maître initié en ce domaine. Sans user de cette pratique dans toute sa complexité, nous pouvons simplement nous demander si les consonnes de la racine נסה (נ *nun* – ס *samèkh* – ה *hé*) sont utilisées dans d'autres racines. De fait, il en existe une seule : סנה (ס *samèkh* – נ *nun* – ה *hé*). Elle traduit l'action de repousser, de renvoyer, et est à la base d'un substantif, le mot סְנֶה (*sené*), qui désigne un buisson d'épines. Par cette nouvelle approche, l'épreuve est ainsi mise en correspondance avec cette plante, les deux, à première vue, étant peu attrayantes et même repoussantes.

Affinons cette association en étudiant les différentes occurrences de ce nouveau mot (סְנֶה) dans la Bible hébraïque. סְנֶה (*sené*) apparaît à 4 reprises[28], dont trois fois pour désigner le buisson auprès duquel Moïse s'approche dans le pays de Madian. Celui-ci brûle sans se consumer et attire l'attention de Moïse qui s'exclame : « Je vais faire un détour pour voir cette grande vision : pourquoi le buisson ne brûle-t-il pas ? » (Ex 3.3). Considéré par la tradition comme le lieu de la Révélation de Dieu aux enfants d'Israël, ce buisson est bel et bien ardent de la présence divine. Or n'en serait-il pas de même de l'épreuve ? Si nous la rejetons presque spontanément, cette association ne nous inviterait-elle pas à l'aborder différemment ? Ne pourrions-nous pas, dans un deuxième temps, l'embrasser par un acte de confiance en cette présence divine qui, au cœur de l'épreuve, ne laisse en réalité jamais ce passage par le feu nous embraser ? Reste à savoir si, au moment de l'épreuve, nous oserons, comme

28 Ex 3.2-4 ; Dt 33.16.

Moïse, nous approcher du buisson et y voir le lieu de la manifestation de Dieu dans notre vie ou si, au contraire, nous nous en détournerons, fuyant son feu autant que ses épines. Quel dommage de contourner le buisson placé sur mon chemin ou de refuser l'épreuve si l'un et l'autre sont des lieux où Dieu me donne rendez-vous pour une rencontre décisive !

Parce que l'épreuve s'avère un moment fondamental dans notre histoire, dans notre relation avec nous-même, avec les autres et, plus encore, avec Dieu, ses enjeux et ses répercussions sont considérables. L'épreuve est constitutive de la vie de l'homme et ne peut dès lors nous rester étrangère. Aussi nous revient-il de nous y préparer en plongeant plus encore dans le texte biblique qui nous apporte toute l'aide nécessaire.

tronc

L'homme éprouvé

Par qui ?

Ces 40 évocations de l'épreuve dans la Bible hébraïque sont toutes riches d'enseignement. Elles sont autant de situations qui illustrent ce qu'est l'épreuve, tout en précisant le rôle des différents acteurs à l'occasion de celle-ci.

Parmi ces mentions, deux nous évoquent l'histoire d'hommes mis à l'épreuve par un autre. Une première fois dans le 1er livre des Rois[1], quand la reine du royaume de Saba en visite à Jérusalem se rend chez le roi Salomon. Elle l'éprouve en lui posant de multiples énigmes. Puis, une seconde, lorsque le prophète Daniel demande pour lui-même et pour ses compagnons à être mis à l'épreuve. Cela fait suite à son refus de manger ce que le roi Nabuchodonosor lui avait ordonné. Le prophète dit alors à son garde : « Mets donc tes serviteurs à l'épreuve pendant dix jours. Qu'on nous donne des légumes à manger et de l'eau à boire » (Da 1.12). Ces deux situations peuvent surprendre. Ne ressemblent-elles pas davantage à des mises au défi, voire à des tests, plutôt qu'à de réelles épreuves dont la dimension ontologique est intrinsèque ? Nous le savons désormais, la croissance de l'homme est inhérente à l'épreuve. Pourtant,

---

1 1 R 10.1.

c'est bien la racine נסה, celle de l'épreuve, qui est utilisée dans ces deux épisodes. Que dire de cet emploi ?

Bien que ces deux épreuves diffèrent, elles reposent sur l'idée commune qu'un homme peut en éprouver un autre. Est-ce néanmoins réellement possible ? Nous pressentons en effet qu'éprouver quelqu'un n'est pas seulement le placer face à des énigmes ou lui administrer un certain régime alimentaire pendant quelques jours. N'est-ce pas davantage l'inviter à devenir ce qu'il est par essence, tout en lui donnant les moyens d'y parvenir ? En cela, l'épreuve est éducative. Elle porte en elle une dimension d'accomplissement, sa vocation étant de faire advenir l'homme. Dans ces conditions, est-il à la portée de l'un d'entre nous d'éprouver quelqu'un d'autre ? Autrement dit, la reine de Saba et le garde du prophète Daniel sont-ils vraiment en mesure d'édifier celui qu'ils éprouvent en le faisant grandir ? Difficile de le penser. En bien des occasions certes, l'homme sait faire vivre à son semblable des instants éprouvants, en le testant, en lui tendant un piège, voire en le malmenant. Mais cela signifie-t-il qu'en agissant de la sorte il élève celui qu'il éprouve ? En a-t-il seulement la capacité ? S'il ne l'a pas, alors chaque mise à l'épreuve de l'homme par un autre homme ne serait en réalité qu'une vaine tentative, infructueuse et impropre. Aussi convient-il de nous demander s'il n'en est pas de même pour ces deux occurrences de l'épreuve, somme toute à la marge dans la Bible hébraïque. Ne sont-elles pas à lire comme des illustrations de ce dont l'être humain est capable, c'est-à-dire des mises à l'épreuve maladroites, qui jamais n'atteignent leur but tant il échappe à l'homme ? Ce faisant, le texte biblique nous inviterait à prendre conscience que la relation mobilisée par l'épreuve n'est pas tant celle de l'homme avec ses pairs que celle de l'homme avec son Dieu. Parce qu'Il est plus grand que lui, seul Dieu est en mesure de l'élever. Considérer l'identité de celui qui met à l'épreuve les hommes partout ailleurs dans la Bible hébraïque permet de s'en convaincre. Dieu est effectivement le seul à s'y employer. Notons à ce propos que nulle part le Satan n'est sujet du verbe *éprouver*, celui-là se gardant bien d'œuvrer à la croissance de l'homme.

Il revient ainsi à Dieu la tâche d'éprouver l'homme. Seulement, de quel Dieu s'agit-il ? De quel Dieu parle-t-on ? S'il est bien sûr question de ce Dieu unique de l'Ancien Testament, quel nom divin est utilisé quand Il met l'homme à l'épreuve ? C'est que, tout en étant l'Innommable comme nous le rappelle Saint Grégoire de Nazianze dans une prière[2], Il apparaît néanmoins dans la Bible sous différents noms : *Élohim* par exemple, traduit par « Dieu[3] », ou encore le mot *Adonay*[4] qui signifie « mon maître », ou plus littéralement « le maître de moi », ou *Shadday*[5] ou *'él*[6], autant de dénominations qui mettent en exergue une facette particulière de ce Dieu un. Il en est de même du Tétragramme, cette autre appellation de Dieu composée de quatre consonnes (י *yod* – ה

2 Proclus [attribution discutée], *Hymnes et prières*, trad. fr. de Henri D. Saffrey, PG 37, 508A, Paris, Arfuyen, 1994, p. 79 : « Innommé, comment Te nommerait-on, Toi, le seul innommable ? »

3 אֱלֹהִים

4 אֲדוֹנָי

5 שַׁדַּי

6 אֵל

hé – ו *waw* – ה *hé*). Par perte de leur vocalisation[7], ce nom demeure aujourd'hui imprononçable. C'est la raison pour laquelle il est d'usage de le remplacer par SEIGNEUR ou *Adonay*[8], à chaque fois qu'il apparaît dans le texte biblique.

Le Tétragramme est le nom divin qui est utilisé dans la majorité des passages où il est question de la mise à l'épreuve des hommes par Dieu. Il nous faut par conséquent nous en approcher de manière à identifier ce qu'il enseigne sur ce Dieu qui nous éprouve. Le rabbin Raphaël Hirsch apporte quelques éléments. Il écrit : « Même si l'essence profonde du nom divin nous restera éternellement insondable, nous devons néanmoins essayer de saisir ce qui nous est accessible de la signification de ce nom. Les Sages lui donnent le sens de מִדַּת הָרַחֲמִים [*middat haraḥamim*], l'amour divin agissant[9]. » L'expression מִדַּת הָרַחֲמִים est donc celle qui traditionnellement qualifie le Tétragramme. Mais qu'exprime-t-elle précisément au-delà de cet « amour divin agissant[10] » ?

Tout d'abord, le premier mot, מִדַּת (*middat*), signifie « une mesure de ». Le second, רַחֲמִים (*raḥamim*), désigne aujourd'hui en hébreu moderne la pitié ou la compassion. Notons qu'en hébreu biblique, il renvoie à quelque chose de tout aussi profond, mais de plus concret encore, à savoir les entrailles. À la base de ce mot, la racine רחם (ר *résh* – ח *ḥét*

---

7 Nous appelons « vocalisation » l'attribution d'un élément vocalique à chaque consonne. En l'absence de ces sons voyelles, la lecture d'un mot composé uniquement de consonnes est impossible.

8 Pour la tradition juive.

9 Samson Raphaël Hirsch, *Commentaires du Pentateuque*, t. I, *op. cit.*, p. 68.

10 « Amour divin agissant » est la traduction en français des propos du rabbin écrits en allemand.

– מ *mèm*) se retrouve d'ailleurs dans le terme רֶחֶם (*rèḥèm*), « un utérus ». Le Tétragramme est ainsi revêtu d'une dimension intime, charnelle et maternelle, Lui le Dieu de la miséricorde dont l'action est toujours au service de l'homme. Comme l'affirme Raphaël Hirsch dans un commentaire de la Genèse, il revient en effet à Dieu, désigné par le Tétragramme, d'éduquer l'homme. Le rabbin nous dit : « En tant que אלהים [Élohim], D. [Dieu] a créé le ciel et la terre, fondant leur évolution sur les notions de loi et d'ordre. En tant que ה' [Tétragramme], il intervient dans cette évolution, la modèle et l'oriente, à chaque instant, conformément à son dessein : l'éducation de l'homme[11]. » Nous en déduisons en conséquence que, le plus souvent dans la Bible hébraïque, Celui qui éprouve l'homme est un Dieu miséricordieux, un Dieu de l'intime qui, en l'amour et par amour, oriente et éduque chacun en vue de conduire l'humanité vers son élévation.

On remarque toutefois qu'un autre nom divin est utilisé à trois reprises quand l'homme est éprouvé par Dieu. Il s'agit de הָאֱלֹהִים (*ha'élohim*), que l'on peut traduire par « l'Élohim » ou « le Dieu ». Ce mot en hébreu est formé du terme *Élohim*, à savoir « Dieu », auquel a été préfixé un article qui définit l'ensemble du mot. De ce fait, il ne s'agit pas littéralement de « Dieu » mais du Dieu, « le Dieu », chose étonnante tant cette appellation ne nous est pas familière. Et pour cause : elle est absente de nos traductions, comme en témoigne par exemple ce verset issu de l'Exode : « Moïse dit au peuple : "Ne craignez pas ! Car c'est pour vous éprouver que Dieu est

11 Samson Raphaël Hirsch, *Commentaires du Pentateuque*, t. I, *op. cit.*, p. 69.

venu"[12]. » Impossible de se rendre compte que le mot traduit ici par « Dieu » ne correspond pas dans le texte original à *Élohim* mais à *HaÉlohim*.

Nous pourrions considérer la différenciation de ces deux noms divins comme étant anodine. Cependant, nous remarquons que *l'Élohim* est présent comme sujet du verbe *éprouver,* dans la première et dernière occurrence de la racine **נסה**, cela au sein même du premier et du dernier livre de la Bible hébraïque. N'est-il pas surprenant que *HaÉlohim*, beaucoup plus rare qu'*Élohim*, figure non seulement au chapitre 22 de la Genèse, lors de la première mise à l'épreuve de l'homme[13], mais aussi dans le 2e livre des Chroniques lorsque, pour la dernière fois, en la personne du roi Ézéchias[14], un homme est éprouvé par Dieu ? « Le Dieu » ou « l'Élohim » encadre ainsi toutes les mises à l'épreuve du texte vétérotestamentaire. Il s'avère dès lors nécessaire de préciser ce qu'il en est de cette dénomination.

Pour essayer de le saisir, ou tout au moins d'identifier la facette de Dieu qui est ici mise en exergue, commençons par nous enquérir du mot *Élohim*. La tradition juive l'assimile à la figure du Dieu Créateur – celui du premier récit de la Création –, « organisateur du monde qui lui impose loi, mesure et but[15] » comme l'affirme Raphaël Hirsch. Il est le Dieu Juge, le Dieu plein de rigueur désigné par le rabbin comme l'« Ordonnateur », le « Législateur », le « Juge mondial[16] ».

---

12 וַיֹּאמֶר מֹשֶׁה אֶל־הָעָם֮ אַל־תִּירָאוּ֒ כִּי לְבַעֲבוּר֙ נַסּוֹת אֶתְכֶם בָּא הָאֱלֹהִים (Ex 20.20).

13 וְהָאֱלֹהִים נִסָּה אֶת־אַבְרָהָם (Gn 22.1).

14 עֲזָבוֹ הָאֱלֹהִים לְנַסּוֹתוֹ (2 Ch 32.31).

15 Samson Raphaël Hirsch, *Commentaires du Pentateuque*, t. I, *op. cit.*, p. 69.

16 *Ibid.*, p. 5.

À ce nom divin vient donc se préfixer un article, Élohim devenant l'Élohim. Dans le livre de la Genèse au chapitre 5 verset 22[17], *l'Élohim* apparaît seul. En revanche, deux versets plus tard, au verset 24, il est accompagné du mot *Élohim* : « Ayant suivi les voies de <u>Dieu</u> [הָאֱלֹהִים (*ha'élohim*) : l'Élohim ou le Dieu], il disparut car <u>Dieu</u> [אֱלֹהִים (*'élohim*) : Élohim ou Dieu] l'avait enlevé[18] » (Gn 5.24). Cette juxtaposition de *l'Élohim* et d'*Élohim* est singulière et prouve que, si l'Élohim ressemble beaucoup à Élohim, ces deux mots sont bien à différencier. Cette distinction néanmoins n'est pas simple tant la présence de l'article n'est pas facile à interpréter.

Elle l'est d'autant moins qu'un autre constat s'impose : l'Élohim est aussi à rapprocher du Tétragramme. À plusieurs reprises, nous sommes amenés à lire que le Tétragramme est l'Élohim, par exemple dans le chapitre 4 du Deutéronome : « À toi, il t'a été donné de voir, pour que tu saches que c'est le <u>SEIGNEUR</u> [Tétragramme] qui est <u>Dieu</u> [הָאֱלֹהִים (*ha'élohim*) : l'Élohim ou le Dieu] : il n'y en a pas d'autre que lui » (Dt 4.35). C'est également le cas dans le 1er livre des Rois : « À cette vue, tout le peuple se jeta face contre terre et dit : "C'est le <u>SEIGNEUR</u> [Tétragramme] qui est <u>Dieu</u> [הָאֱלֹהִים (*ha'élohim*) : l'Élohim ou le Dieu] !" » (1 R 18.39). Que pou-

17 « Après avoir engendré Metoushèlah, Hénok suivit les voies de Dieu [le Dieu : הָאֱלֹהִים] pendant trois cents ans et engendra des fils et des filles. »
וַיִּתְהַלֵּךְ חֲנוֹךְ אֶת־הָאֱלֹהִים אַחֲרֵי הוֹלִידוֹ אֶת־מְתוּשֶׁלַח שְׁלֹשׁ מֵאוֹת שָׁנָה וַיּוֹלֶד בָּנִים וּבָנוֹת׃ (Gn 5.22).

18 « Hénoch marcha avec Dieu ; puis il disparut, parce que Dieu le prit » (version NBS).
וַיִּתְהַלֵּךְ חֲנוֹךְ אֶת־הָאֱלֹהִים וְאֵינֶנּוּ כִּי־לָקַח אֹתוֹ אֱלֹהִים׃ (Gn 5.24).

vons-nous conclure de la juxtaposition de ces deux noms de Dieu dans un même verset ?

La présence de cet article en hébreu a pour rôle d'accompagner un être ou un objet déjà connu. Ainsi, lorsque cet article s'ajoute au nom Élohim pour devenir l'Élohim, ce dernier, tout en gardant les caractéristiques de souveraineté d'Élohim, semble désigner un Dieu qui nous est familier. Nous pourrions supposer de ce fait que l'Élohim, Celui qui met à l'épreuve, nous est plus proche qu'Élohim, Lui qui n'est jamais sujet du verbe *éprouver* dans la Bible hébraïque. D'autre part, l'association de l'Élohim avec le Tétragramme confère au premier la compassion et la miséricorde propres au second. À l'instar de ce verset de l'Exode où nous lisons que le Tétragramme est « <u>le</u> Dieu d'Abraham, <u>le</u> Dieu d'Isaac, <u>le</u> Dieu de Jacob[19] », l'Élohim qualifierait à la fois <u>le</u> Dieu de tous et Celui qui nous est personnel.

Ainsi, l'étude des différentes appellations divines associées à l'épreuve – qu'elles soient l'Élohim ou le Tétragramme – nous fait comprendre que le Dieu qui éprouve l'homme est un Dieu miséricordieux, connu de chacun, le Dieu intime de notre intime. Assurément, cette présence dans nos profondeurs et cette fine connaissance qu'Il a de nous Lui permettent de nous élever en nous éprouvant. Sans cela, toute tentative est vaine. L'épreuve *stricto sensu* n'est en réalité qu'une défiguration de ce qu'elle doit être par essence. Par conséquent, il n'appartient pas à un homme d'en éprouver un autre, l'épreuve véritable étant entre les mains du Créa-

19 אֱלֹהֵי אֲבֹתֵיכֶם אֱלֹהֵי אַבְרָהָם אֱלֹהֵי יִצְחָק (Ex 3.15). Nous traduisons.

teur, qui seul peut faire croître sa créature en sachant comment procéder et par quel type d'épreuve la faire passer.

De l'individuel et du collectif

En ce sens, Dieu adapte les modalités de l'épreuve aux personnes concernées. Elle peut être collective, telle la manne envoyée pour nourrir les fils d'Israël dans le désert. Là, Dieu met tout un peuple à l'épreuve en lui demandant d'avoir confiance dans le fait que la nourriture tombera des cieux chaque jour.

L'épreuve peut aussi être individuelle. Celle d'Abraham en est une, à l'heure où Dieu lui demande de prendre Isaac, son fils tant attendu et si espéré, pour rejoindre un lieu qui lui est encore inconnu. La réponse à cette requête est alors toute personnelle, les entrailles de ce père étant bouleversées au plus profond. Pour autant, la singularité de cette épreuve n'exclut pas une dimension collective. C'est que, si cette mise à l'épreuve s'avère décisive pour la vie du patriarche, elle est aussi déterminante pour un plus grand nombre d'hommes. En effet, Abraham a reçu une vocation particulière de la part de Dieu : « Tu deviendras le père d'une multitude de nations. On ne t'appellera plus du nom d'Abram, mais ton nom sera Abraham car je te donnerai de devenir le père d'une multitude de nations et je te rendrai fécond à l'extrême » (Gn 17.4-6). Or cet avenir n'adviendra pas pour Abraham sans passer par l'épreuve, la première de toute la Bible, le premier maillon d'une chaîne d'accomplissements. C'est qu'en lui demandant de partir avec son fils, Dieu l'invite avant tout à devenir son nom, c'est-à-dire, à être véritablement ce qu'il signifie : « père d'une multitude ». De cela dépendent l'accomplissement personnel du patriarche et la réalisation d'une promesse, celle-là même que Dieu lui fit en lui disant : « C'est à ta descendance que je donne ce pays, du fleuve d'Égypte au grand fleuve, le fleuve Euphrate » (Gn 15.18). Ô combien cette première épreuve divine porte en elle une dimension qui va bien au-delà de la vie même d'Abraham et de son fils ! S'ensuit que, s'il est aujourd'hui « notre père à tous[20] » comme l'affirme Saint Paul dans son épître aux Romains, à savoir le père de chaque croyant, c'est assurément parce qu'il est devenu son nom, en s'engageant dans l'épreuve et en la surmontant par la foi.

À nous de constater comment la sagesse divine sait faire cohabiter en une épreuve individuelle une dimension collective, qui vise autant l'élévation de la personne éprouvée que celle de l'humanité entière.

Cette imbrication est d'ailleurs confirmée en hébreu par la présence d'un mot entre le verbe *mettre à l'épreuve* et *Abraham* en l'expression « Dieu mit Abraham à l'épreuve[21] ». Ce terme, qui n'est pas traduit en français, est une particule[22] placée juste avant le nom du patriarche. Elle a pour fonction d'introduire *Abraham* en tant que complément d'objet défini de la phrase. Elle est écrite et lue dans le texte hébraïque, mais n'est jamais traduite. À noter également que sa présence n'est pas systématique, ce qui revient à dire que si ce mot était absent de la phrase, nous ne verrions pas de diffé-

---

20 Rm 4.16.

21 וְהָאֱלֹהִים נִסָּה אֶת־אַבְרָהָם (Gn 22.1).

22 אֶת־

rence dans la traduction. On devine par là que son rôle est plus précis que ce que nous en faisons. Mais quel est-il ? Le rabbin Raphaël Hirsch nous apporte un éclairage. Il détaille cette fonction dans l'un de ses commentaires, en affirmant que cette particule élargit le complément d'objet à tous ses modes d'expression. Celle-ci est selon lui « un רִבּוּי [(*ribbouy*) un supplément] qui nous donne de saisir l'objet dans une plus large mesure[23] ». Au vu de cette précision, nous pouvons penser que Dieu n'éprouve pas uniquement Abraham, mais tous les « Abraham » à travers le temps, autrement dit tous ceux qui, au fil des générations, sont affiliés à cette figure biblique. C'est là une façon de confirmer que l'épreuve divine allie l'individuel au collectif.

L'inverse est vrai également. Il suffit de regarder l'épreuve des fils d'Israël pour remarquer qu'ils sont éprouvés en tant que groupe, tout en gardant une responsabilité personnelle et un domaine d'action individuel. Citons pour exemple la deuxième moitié du verset 4 du chapitre 16 de l'Exode. Pour cela, attachons-nous à sa formulation en hébreu biblique. C'est qu'en français, l'annonce de la manne par Dieu ici traduite : « Le peuple sortira pour recueillir chaque jour la ration quotidienne, afin que je le mette à l'épreuve », ne rend pas compte, au sein de cette épreuve commune, de sa dimension singulière. En hébreu, celle-ci se révèle en prêtant attention aux trois verbes qui composent ce verset. Le premier[24], *sortir*, est conjugué à la troisième personne du masculin sin-

23 Samson Raphaël Hirsch, *Commentaires du Pentateuque*, t. I, *op. cit.*, p. 7.

24 וְיָצָא : waw inversif + יצא à l'accompli pa'al, 3e masculin singulier.

gulier et a pour sujet le peuple. Le deuxième[25], *recueillir*, possède le même sujet, mais sa forme est différente compte tenu du fait qu'il est à la troisième personne du pluriel. Le troisième[26], *éprouver*, est conjugué à la première personne du singulier et accompagné d'un suffixe à la troisième personne du masculin singulier en guise de complément d'objet. Ce qui revient à dire : « je l'éprouve », sous-entendu « j'éprouve le peuple ». Que nous apprennent ces trois verbes dont le deuxième ne semble pas respecter les règles d'usage propres aux accords ? Cette apparente « anomalie » ne peut qu'être signifiante. C'est qu'en hébreu biblique, les mots qui expriment un collectif, comme le peuple, entraînent soit un verbe au singulier soit un verbe au pluriel, selon la nuance que l'auteur décide d'introduire dans la phrase. Quand le verbe est au singulier, l'accent est mis sur l'unité du groupe ; lorsqu'il est au pluriel en revanche, c'est la multiplicité des hommes au sein de celui-ci qui est soulignée. S'ensuit que nous pourrions entendre ce verset ainsi : « Alors le peuple sortira et ils recueilleront une chose d'un jour en son jour [quotidiennement], afin que je l'éprouve[27]. » À chacun revient dans ces conditions la responsabilité de recueillir la manne au sein de cette épreuve adressée à tous. Cette finesse du texte hébraïque vient souligner la pédagogie divine qui, à l'heure propice, use d'une épreuve collective non pas pour gommer la personne au sein d'un groupe, mais pour l'aider

25 וְלָקְטוּ : waw inversif + לקט à l'accompli pa'al, 3e pluriel.

26 אֲנַסֶּנּוּ : נסה à l'inaccompli pi'él, 1ère singulier + suffixe verbal 3e masculin singulier.

27 Nous traduisons.

au contraire à la faire émerger en lui attribuant une place unique par union à l'ensemble, sans confusion en lui.

Le moment favorable

S'il appartient à Dieu de faire advenir l'épreuve au juste moment, ne pourrions-nous pas préciser ce temps afin de nous y préparer ? La singularité de chaque situation rend hélas la tâche impossible. Toutefois, en relisant les différentes épreuves de la Bible hébraïque, nous pouvons constater que l'épreuve n'apparaît jamais au tout début de la relation de l'homme avec Dieu. Il suffit par exemple de relire la mise à l'épreuve d'Abraham pour s'apercevoir qu'elle survient trois chapitres seulement avant son décès à 175 ans. L'homme est alors âgé et expérimenté. Le patriarche a, depuis de nombreuses années déjà, appris à entendre la voix divine, qu'elle l'invite à quitter sa terre natale pour aller vers lui-même[28] ou à croire à la promesse d'une progéniture nombreuse malgré la stérilité de sa femme Saraï (plus tard appelée Sarah)[29]. Tous ces événements ont fait de Dieu un être qui ne lui est plus inconnu et ont contribué à tisser un lien solide entre eux deux. À ceci s'ajoutent des étapes importantes : l'accueil d'un nouveau nom et la paternité. Abraham est en effet devenu le père d'Ismaël avec la servante Hagar, puis le père d'Isaac avec son épouse Sarah, elle aussi ayant changé de nom. À l'aube de l'épreuve, il est donc un homme devenu père et, plus encore, un père aimant. Dieu l'affirme en disant : « Prends ton fils, ton unique, Isaac, que tu

---

28 Gn 12.1.

29 *Ibid.*, Gn 15.3-5.

aimes » (Gn 22.2). Il s'agit ici de la première occurrence du verbe *aimer* dans toute la Bible. Nous en déduisons qu'Abraham est le premier homme dont il est fait mention qu'il aime. Mais qu'en est-il de cet amour ? Le texte hébraïque le précise par l'emploi de ce verbe à une forme appelée l'accompli. Elle nous informe que non seulement le patriarche aime, mais bien plus, qu'il aime de manière accomplie, à savoir d'une manière pleine, totale, complète. Quel témoignage du chemin parcouru par Abraham et de la délicatesse de Dieu, qui n'éprouve l'homme que lorsque celui-ci est prêt, c'est-à-dire pas avant d'avoir acquis la maturité et les ressources nécessaires pour surmonter l'épreuve, aussi bouleversante et déstabilisante soit-elle ! C'est parce que chaque mise à l'épreuve de l'homme doit permettre son élévation, que Dieu ne la fait advenir qu'au moment favorable, autrement dit quand toutes les conditions sont réunies pour que l'homme soit en capacité de la traverser et la dépasser.

Seulement, l'instant que Dieu choisit peut surprendre. Si aucun père ne songerait à éprouver son fils à l'aube d'une nouvelle période déjà marquée par les difficultés, cette manière de penser des hommes n'est pas celle de Dieu. Il suffit pour s'en convaincre de se rapprocher des fils d'Israël lors de leurs tout premiers pas hors d'Égypte, les premiers d'une marche harassante et exténuante longue de 40 ans. Quelle surprise de voir ces hommes éprouvés par Dieu à peine la Mer Rouge traversée ! Il ne s'agit pas pour Dieu d'en rajouter, il est question au contraire d'utiliser cette adversité pour la mettre au service de l'homme. Aussi pouvons-nous être certains que si Dieu décide de mettre son peuple à l'épreuve en ces instants si délicats, c'est que le nécessaire lui a déjà été donné et continuera de l'être pour pouvoir la surmonter.

C'est précisément ce qui arrive aux fils d'Israël. Ce n'est qu'après différentes interventions divines en leur faveur qu'apparaissent leurs mises à l'épreuve. Pensons aux premiers-nés épargnés lors de la dixième plaie d'Égypte[30], puis à l'ouverture de la Mer Rouge[31] et, enfin, à la transformation à Mara d'une eau impropre à la consommation en une eau potable[32]. À chaque fois, alors qu'un péril mortel les menace, la main de Dieu les sauve. Le peuple est à la fois témoin de la présence divine et bénéficiaire de son action. Nous voyons comment ces événements, tous en amont de l'épreuve, ont préparé le peuple. Chaque manifestation de la bienveillance de Dieu dans nos vies, dans nos besoins les plus quotidiens comme les plus extraordinaires, est une expérience fondamentale qui fortifie la foi de l'homme. Or celle-ci s'avère indispensable à toute mise à l'épreuve, non seulement pour la surmonter, mais surtout et avant tout pour permettre à Dieu de la faire advenir.

Une volonté incompréhensible

Tout amour qu'Il est, Dieu en effet ne peut nous contraindre, pas même pour nous éprouver. Il a donc besoin de notre consentement donné librement et en confiance. Pour cela, Il commence par nous interpeller comme Il le fait avec Abraham : « Après ces événements, il arriva que Dieu

30 Ex 11.5-7.
31 Ex 14.21-29.
32 Ex 15.22-25.

mit Abraham à l'épreuve. Il lui dit : "Abraham" » (Gn 22.1). À Dieu revient l'initiative et à Abraham d'être attentif à la voix divine. Le texte le suggère par l'emploi du verbe *dire*[33] en hébreu qui, comme le précise Raphaël Hirsch, est employé quand l'intention est d'être compris, celui qui « dit » attendant un résultat[34]. Après avoir entendu l'appel divin, le patriarche est invité à se positionner par rapport à lui. Dieu souhaite une prise en compte de son dire, attendant et espérant l'assentiment de celui qu'Il éprouve. Il en résulte que l'épreuve n'est jamais imposée par Dieu, dans la mesure où elle se fait proposition au sein d'un dialogue où chaque membre est appelé à s'exprimer, la liberté de tous étant requise. Quand Dieu a pour intention d'éprouver l'homme, Il prend donc le risque que celui-ci refuse.

Il n'en va pas ainsi d'Abraham qui répond positivement à Dieu et, par là même, l'autorise à poursuivre : « Prends ton fils » (Gn 22.2). Telle est la volonté divine qui, en français par cet impératif, résonne comme un ordre. En hébreu toutefois, on s'aperçoit que ce verbe est conjugué au mode volitif[35]. Ce dernier est utilisé pour exprimer la volonté du locuteur dans toutes ses nuances. De ce fait, celle de Dieu n'est plus à entendre uniquement comme un ordre, mais également comme un souhait, une invitation, une exhortation, une permission, une prière ou un conseil. Nous pourrions dès lors la traduire de multiples manières : « Je souhaite que tu prennes ton fils », « Puisses-tu prendre ton fils », « Je t'exhorte à

---

33 וַיֹּאמֶר : waw inversif + אמר à l'inaccompli pa'al, 3e masculin singulier.

34 Samson Raphaël Hirsch, *Commentaires du Pentateuque*, t. I, *op. cit.*, p. 39 et p. 388-389.

35 קַח : לקח au mode volitif pa'al, 2e masculin singulier.

prendre ton fils », ou même « Je te conseille de prendre ton fils[36] », autant de tonalités qui laissent poindre la tendresse manifeste de Celui qui met à l'épreuve.

Cette délicatesse est confirmée dans le texte hébraïque par l'emploi, après le verbe *prendre*, d'un terme[37] souvent absent de nos traductions. Il l'est par exemple dans celle-ci : « Prends ton fils », tout en étant présent dans cette autre : « Prends ton fils, je te prie » (NBS). Composé uniquement de deux consonnes (**נ** *nun* et **א** *'alèph*), ce petit mot est essentiel. Il est une interjection qui, comme l'indique Rachi dans le commentaire de ce verset[38], exprime toujours une imploration. Dès lors, la prévenance et l'infinie douceur dont fait preuve Dieu lorsqu'Il éprouve Abraham se trouvent mises en exergue. Et pour cause, Dieu sait plus que quiconque combien la suite va être difficile pour ce père dont l'épreuve concerne Isaac, ce fils sur qui repose tous ses espoirs de descendance. Mais les enjeux sont tels que Dieu supplie Abraham en lui disant : « Prends je t'en prie ton fils[39] ». Comment mieux exprimer sa sollicitude pleine d'amour que par ce si petit mot hébreu ?

Celle-ci est d'ailleurs d'autant plus présente qu'un autre détail dans le texte original la souligne. Il s'agit de la présence d'un trait d'union[40] entre le verbe *prendre* et l'expression *je t'en prie*. Comme en français, celui-ci a pour fonction d'unir deux mots au point de n'en former qu'un seul. Cela

---

36 Nous traduisons.

37 קַח־נָא

38 Rachi, *Commentaires du Pentateuque*, Gn 22.2, [en ligne : sefarim.fr].

39 Nous traduisons.

40 Un *maqqèph*.

revient à dire qu'en hébreu, le groupe de mots « Prends je t'en prie » ne correspond qu'à une seule unité grammaticale. Nous comprenons par conséquent que l'expression de la volonté de Dieu est intimement liée à sa supplication, l'une n'allant pas sans l'autre. Abraham est bel et bien appelé à réaliser la volonté divine, mais cet ordre ne s'impose pas. Il est proposé par un Dieu qui, pour voir la croissance de l'homme qu'Il éprouve, s'abaisse en l'implorant. Il en est d'Abraham comme de tout homme, puisque telles sont les intentions de Celui qui met à l'épreuve, même si, à chaque situation, correspondent un contenu et une forme qui lui sont propres.

Tenons-nous le pour dit : parce qu'Il se met au service de l'homme, Dieu adapte sa manière de faire. Il n'éprouve donc pas Abraham comme les fils d'Israël. Avec ces derniers, soit Il s'adresse à Moïse, à savoir celui qu'Il a mis à leur tête, soit Il agit de manière plus discrète, en ayant recours à d'autres hommes. Il le fait à plusieurs reprises en permettant aux peuples païens, appelés les « nations », d'être présents auprès d'eux[41]. Comme le précise le livre des Juges : « C'était pour mettre par elles [les nations] Israël à l'épreuve » (Jg 2.22). Impossible bien sûr pour les fils d'Israël de le comprendre, mais en laissant cette cohabitation subsister, Dieu a pour objectif d'en tirer profit pour le peuple. C'est dire combien toute situation permise par Dieu, aussi inconfortable soit-elle, a toujours en vue de concourir au bien de l'homme.

La chose vaut aussi pour l'adversité. Dieu peut choisir en effet de la laisser être en vue d'un apprentissage. C'est claire-

41 Jg 2.22–3.1,4.

ment elle qui touche les fils d'Israël durant ces nombreuses années où ils évoluent dans le désert dans des conditions particulièrement difficiles. Or que nous apprennent les textes relatifs à cette période ? Le chapitre 15 de l'Exode nous indique que ces milliers d'hommes, de femmes et d'enfants souffrent de la soif et que des murmures se font entendre tous les jours un peu plus. Son verset 25 marque toutefois une rupture : nous y apprenons dans sa première moitié, qu'arrivé à Mara, le peuple se désaltère après la transformation miraculeuse d'une eau amère en eau douce. Par là même, Dieu prouve sa présence. Puis la deuxième moitié du verset nous révèle : « C'est là qu'il leur fixa des lois et coutumes. C'est là qu'il les mit à l'épreuve. » Nous devinons par conséquent que Dieu, en un même lieu, porte secours au peuple, puis l'éprouve en lui fixant des règles. Mais comment le comprendre et qu'entendre par la mention « des lois et coutumes » utilisés dans cette phrase ?

Dans le texte hébraïque, le mot *coutumes* correspond au substantif מִשְׁפָּט (*mishpaṭ*). Il exprime le droit ou, plus exactement d'après Raphaël Hirsch, une loi qui régit la vie sociale[42]. Il s'agit d'une prescription qui limite l'homme, tout comme le חֹק (*ḥoq*), le premier mot de l'expression « des lois et coutumes » qui, toujours selon le rabbin, traduit quelque chose qui restreint l'arbitraire individuel[43]. Dieu éprouve ainsi le peuple en lui donnant un *ḥoq* et un *mishpaṭ*. Par ce biais, Il permet aux fils d'Israël de bâtir peu à peu une vie sociale, ce qui constitue une avancée importante. Il n'empêche que

42 Samson Raphaël Hirsch, *Commentaires du Pentateuque*, t. II, *op. cit.*, p. 334.
43 *Idem.*

cela n'est pas sans être éprouvant. C'est que si un *mishpaṭ* peut s'expliquer et par là même se respecter sans trop de réticence, la chose est impossible pour un *ḥoq*. Un *ḥoq* limite l'homme de manière incompréhensible en ce qu'il est au-delà de la raison. Comme le dit Rachi dans ses commentaires[44] : « Il s'agit des lois correspondant à la volonté pure du roi et qui ne contiennent aucun motif. Et le penchant au mal nous les fait critiquer : Qu'y a-t-il d'interdit, pourquoi est-ce prohibé ? » Or ce sont à ces types de lois que Dieu demande d'obéir, aussi incompréhensibles soient-elles. À nous de conclure, puisqu'elles furent données au sein d'une mise à l'épreuve, que celles-ci participent à l'élévation de l'homme, sa croissance étant toujours la visée de l'épreuve. Telle est bien sa vocation, même si ce but n'est pas unique.

Pour quoi ?

Aussi surprenant que cela puisse paraître, la mise à l'épreuve de l'homme par Dieu participe d'une autre motivation, celle pour Dieu de répondre à ses interrogations. Mais que peut ignorer Dieu au point d'utiliser l'épreuve comme moyen pour connaître ? Différents textes le précisent en nous apprenant que Dieu a recours à l'épreuve « pour savoir[45] » si, durant celle-ci, nous L'aimons de tout notre cœur[46],

44 Rachi, *Commentaires du Pentateuque*, Ex 15.26 [en ligne : sefarim.fr].

45 לָדַעַת

46 « C'est le SEIGNEUR votre Dieu qui vous éprouvera de cette manière pour savoir si vous êtes des gens qui aimez le SEIGNEUR votre Dieu de tout votre cœur, de tout votre être » (Dt 13.4).

nous entendons ses commandements[47], nous les gardons et nous les respectons[48] et, finalement, si nous gardons son chemin[49]. Exprimées par des propositions conditionnelles, ces quatre hypothèses en français traduisent en réalité des interrogations en hébreu biblique. Dieu, nous disent les textes, éprouve l'homme : « pour savoir : est-ce vous aimez Adonay [Tétragramme] votre Dieu[50] ? » (Dt 13.4), « est-ce qu'ils entendront les commandements d'Adonay [Tétragramme][51] ? » (Jg 3.4), « est-ce que tu garderas ses commandements ou pas[52] ? » (Dt 8.2), et enfin « est-ce qu'ils garderont les chemins d'Adonay [Tétragramme][53] ? » (Jg 2.22). Autant de questions qui, dans leur formulation hébraïque, suggèrent qu'une réponse positive n'est pas une évidence[54]. L'épreuve aurait donc pour but de laisser les profondeurs de l'homme se révéler.

Mais quel est ce Dieu qui utiliserait l'épreuve pour répondre à ses interrogations et ainsi acquérir des informations sur sa créature ? Il serait assurément un Dieu qui, laissant l'homme libre, ne pourrait prévoir son comportement. Mais ne sait-Il pas déjà ce qui habite le cœur de

---

47 « Ce fut pour mettre par elles Israël à l'épreuve, pour savoir s'ils écouteraient les commandements que le SEIGNEUR avait prescrits à leurs pères par l'intermédiaire de Moïse » (Jg 3.4).

48 « Ainsi il t'éprouvait pour connaître ce qu'il y avait dans ton cœur et savoir si tu allais, oui ou non, observer ses commandements » (Dt 8.2).

49 « C'était pour mettre par elles Israël à l'épreuve et savoir s'il garderait ou non le chemin du SEIGNEUR en y marchant comme l'avaient fait leurs pères » (Jg 2.22).

50 Nous traduisons.

51 Nous traduisons.

52 Nous traduisons.

53 Nous traduisons.

54 Par la présence du « hé » interrogatif.

l'homme ? N'est-Il pas Celui qui « connaît toutes choses » comme Pierre le disait à Jésus quand Celui-ci, à plusieurs reprises, demandait à son disciple s'il L'aimait : « Seigneur, toi qui connais toutes choses, tu sais bien que je t'aime » (Jn 21.17) ? Pierre, à n'en pas douter, dit vrai. Reste que, malgré cette connaissance, Jésus réitère sa question. Pour quoi agir de la sorte ? C'est que si la question de Jésus : « Simon, fils de Jean, m'aimes-tu ? » paraît importante au point de la répéter[55], la réponse du disciple l'est sûrement davantage. À chaque fois en effet, Pierre est invité à se positionner en engageant toute sa personne. D'où suit qu'à trois reprises, le Christ lui confie la charge de faire paître ses brebis. Sous cet angle, la question initiale de Jésus et celles de Dieu à propos du comportement des fils d'Israël ne relèvent-elles pas davantage de la pédagogie divine que d'un réel besoin de savoir ?

Si tel est le cas, et nous pouvons le penser, l'épreuve divine offrirait à l'homme l'occasion d'affirmer et de confirmer ses choix, c'est-à-dire d'éprouver sa fidélité envers lui-même et envers son Dieu. Elle serait pour l'homme une occasion de développer la détermination et la confiance qui, à l'avenir, lui seront nécessaires, pour vivre au mieux des situations réclamant de lui un engagement total et une foi indéfectible.

Nous le savons, Dieu n'est pas sans connaître l'homme. Non seulement Il voit ce qu'il est, mais plus encore ce qu'il peut devenir. Aussi prépare-t-Il déjà l'homme à d'autres responsabilités, lorsqu'Il fait surgir l'épreuve sur son chemin.

---

55 Jn 21.15-17.

L'histoire des fils d'Israël dans le désert l'illustre parfaitement. Elle débute par une marche et par deux épreuves divines successives : tout d'abord la fixation d'un *ḥoq* et d'un *mishpaṭ* au chapitre 15 de l'Exode, puis le don de la manne au chapitre suivant. Cette nourriture descendant des cieux éprouve les fils d'Israël, étant donné qu'il leur est demandé de faire confiance à Dieu pour leurs besoins alimentaires. Ces deux épreuves n'étant pas ponctuelles mais quotidiennes, nous mesurons d'autant mieux combien la fidélité, la ténacité et l'endurance de ce peuple sont mobilisées avant même d'arriver au Mont Sinaï. Or tout cela n'est pas inutile aux fils d'Israël. Chacune de ces épreuves participe d'un temps de formation, en vue de préparer le peuple à recevoir, au pied de cette montagne sainte, la destinée toute particulière qui est la leur. C'est que les fils d'Israël n'ont pas seulement à accueillir la Loi et à la respecter, mais plus encore à devenir serviteurs de la Loi comme Dieu l'a annoncé à Moïse avant la sortie d'Égypte[56].

C'est dire si l'épreuve divine est porteuse d'une mission à venir, qu'elle soit celle de tout un peuple ou celle d'un seul homme, à l'instar du grand-prêtre, à savoir le premier des prêtres, une des responsabilités les plus importantes à cette époque ! Nous apprenons en effet dans ce verset : « Ton Toummim et ton Ourim[57] appartiennent à l'homme qui t'est

---

56 Ex 3.12.

57 Le Toummim et le Ourim désignent des pierres précieuses, éléments du pectoral que portait le grand-prêtre dont il est fait notamment mention dans le chapitre 28 de l'Exode, verset 30 : « Tu placeras dans le pectoral du jugement le Ourim et le Toummim ; ils seront sur le cœur d'Aaron quand il entrera devant le SEIGNEUR. »

fidèle, que tu as fait passer par l'épreuve à Massa » (Dt 33.8), que cette charge ne revient qu'à celui qui a prouvé droiture, obéissance, patience et persévérance durant l'épreuve. Cette dernière, traversée et surmontée, est alors gage de confiance pour la suite, illustrant déjà ce que Jésus dira plus tard : « Celui qui est digne de confiance pour une toute petite affaire est digne de confiance aussi pour une grande » (Lc 16.10).

Épreuve après épreuve, l'homme peut ainsi se voir confier des tâches de plus en plus importantes, toutes participant de son élévation. Cependant, ne nous méprenons pas : ce mouvement d'ascension est celui du service, il est par conséquent un abaissement. Jésus le rappelle : « celui qui s'abaisse sera élevé » (Lc 14.11). La richesse de l'épreuve divine n'est pas dans l'acquisition de titres enorgueillissants, mais dans la mise en pauvreté de l'homme par Dieu. À cet égard, il est intéressant de remarquer que l'épreuve de la manne ne s'arrête pas après l'accueil de la Loi au Mont Sinaï. Bien au contraire, elle perdure jusqu'à l'arrivée en Terre promise. C'est pendant 40 ans que le peuple a à fléchir les genoux pour recueillir cette nourriture, comme le lui rappelle Moïse en disant : « Tu te souviendras de toute la route que le SEIGNEUR ton Dieu t'a fait parcourir depuis quarante ans dans le désert, afin de te mettre dans la pauvreté » (Dt 8.2). Choisi par Dieu, ce peuple n'en est pas pour autant épargné, étant au contraire éprouvé afin d'apprendre chaque jour à s'en remettre à Lui pour tout. Certes, la délivrance d'Égypte et la traversée de la Mer Rouge leur ont montré que Dieu sait être présent dans des moments exceptionnels, mais ces 40 années d'épreuve et de pauvreté dans le désert sont l'occasion d'expérimenter que Dieu est également là pour leurs besoins les plus ordinaires. Une façon somme toute de vivre dans sa chair les mots de Jésus « En dehors de moi, vous ne pouvez rien faire » (Jn 15.5) qui, dans ce contexte de l'exode, pourraient être entendus comme tels : *pas même manger ou boire*. Ces années sont donc, par le biais de ces mises à l'épreuve, un temps d'éducation du peuple afin qu'il s'en remette, jour après jour, à Celui qui est l'unique source de Vie et qui, plus que personne, désire l'homme en vie. Au cœur même de cette marche aux conditions difficiles, l'épreuve divine est, en vue de cet apprentissage, tout à fait indispensable pour devenir ce qu'ils sont appelés à être : serviteurs de la Loi.

On comprend alors comment les mises à l'épreuve répétées des fils d'Israël leur ont permis d'un côté de prendre conscience de la pauvreté radicale de l'homme et de sa dépendance ontologique d'avec Dieu et, de l'autre, d'expérimenter sa bienveillance malgré les murmures et les révoltes. Or quoi de mieux que de se rappeler sans cesse cette présence inconditionnelle pour s'élever jusqu'à devenir un « craignant Dieu », c'est-à-dire un homme mû non par la peur, mais par un frémissement de reconnaissance et de respect envers le divin ? Moïse ira d'ailleurs jusqu'à dire au peuple : « C'est pour vous éprouver que Dieu est venu, pour que sa crainte soit sur vous et que vous ne péchiez pas » (Ex 20.20). On devine par ces mots comment l'épreuve peut devenir un moyen, si ce n'est une chance donnée à l'homme de s'approcher de Dieu par la crainte, alors même que le péché l'en détourne. Comment penser néanmoins que l'épreuve puisse être en tout point bénéfique, tandis que la relation entre l'homme et Dieu semble si mise à mal ?

L'abandon de Dieu

De fait, il est fréquent de penser qu'en plein cœur de l'épreuve, Dieu s'absente, laissant l'homme seul au pire des moments. N'en déplaise à de nombreux passages des Écritures qui affirment et confirment que Dieu n'est pas Celui qui abandonne, mais un Dieu présent, veillant sur chacun et le protégeant, en pleine adversité l'homme souvent se met à douter : Dieu ne m'a-t-il pas abandonné ? Nous aimerions que le texte biblique l'infirme et, pourtant, il le confirme. La dernière occurrence du verbe *éprouver* dans la Bible hébraïque en est la preuve. Relisons ce passage où Dieu abandonne le roi Ézéchias et le met à l'épreuve : « Ainsi, lors de la visite des dignitaires babyloniens envoyés vers lui pour s'informer sur le prodige réalisé dans le pays, Dieu l'abandonna et le mit à l'épreuve pour savoir tout ce qu'il avait dans le cœur » (2 Ch 32.31). Impossible désormais de nier l'abandon de Dieu. N'en demeure pas moins que, pour mieux l'appréhender, il convient de regarder le texte dans sa version originale[58]. Nous y découvrons qu'il ne s'agit pas d'abandonner le roi et de l'éprouver, mais de l'abandonner pour l'éprouver. En traduisant ces mots plus littéralement : « le Dieu l'abandonna pour l'éprouver[59] », nous prenons conscience que Dieu n'abandonne pas l'homme au cœur de l'épreuve, mais qu'Il

58 עֲזָבוֹ הָאֱלֹהִים לְנַסּוֹתוֹ (2 Ch 32.31).

59 Nous traduisons.

l'éprouve au moyen de l'abandon. Reste à saisir ce qu'*abandonner* signifie vraiment.

Ce verbe en hébreu biblique indique une rupture réelle du lien. Il est celui utilisé dans le deuxième chapitre de la Genèse, quand il est demandé à l'homme d'*abandonner* son père et sa mère. Même si nous sommes plus habitués à lire « l'homme laissera son père et sa mère[60] » ou « l'homme quittera son père et sa mère[61] », il est bien question dans le texte hébraïque d'abandonner l'un et l'autre. Aussi s'agit-il de préciser : si les trois consonnes **עזב** (**ע** *'ayin* – **ז** *zayin* – **ב** *bèṯ*) à la base de ce verbe expriment une rupture radicale avec l'autre, cette dernière a toujours pour but une consolidation des ressources déjà acquises. Raphaël Hirsch dit à ce propos qu'il s'agit d'« abandonner l'autre dans le sens de pouvoir laisser l'autre être livré à soi-même, celui-ci n'ayant plus besoin de soutien[62] ». Telle est donc la situation du roi Ézéchias, Dieu l'abandonnant pour l'éprouver, c'est-à-dire en vue de l'affermir et de l'accomplir.

L'abandon de Dieu a par là même toujours une finalité. À nous désormais d'entendre différemment le début du verset 2 du psaume 22 que Jésus sur la Croix prononce en araméen[63] : « Mon Dieu, mon Dieu, pourquoi m'as-tu abandonné ? » Si l'abandon est réel, celui-ci n'a pas lieu à cause de quelque chose, mais bien pour quelque chose,

---

60 « Aussi l'homme laisse-t-il son père et sa mère pour s'attacher à sa femme, et ils deviennent une seule chair » (Gn 2.24).

61 « C'est pourquoi l'homme quittera son père et sa mère et s'attachera à sa femme, et ils deviendront une seule chair » (Gn 2.24, version NBS).

62 Ex 23.5.

63 « *Éloï, Éloï, lama sabaqthani ?* » (Mc 15.34).

c'est-à-dire en vue de quelque chose, comme le confirme l'hébreu biblique. Ce cri pourrait être traduit ainsi : « Mon Dieu, mon Dieu, pour quoi m'as-tu abandonné[64] ? » Sans aller jusqu'à attester qu'à l'instar du roi Ézéchias, Dieu abandonne Jésus sur la Croix pour l'éprouver – chacun pourra le questionner –, nous pouvons néanmoins affirmer que l'abandon du Père lors de la Passion a lieu lui aussi en vue d'une élévation, celle du Fils lors de la Résurrection et, plus largement, celle de l'humanité entière. C'est que, comme l'affirme le tropaire orthodoxe chanté lors du temps pascal : « Le Christ est ressuscité des morts, par Sa mort Il a terrassé la mort, à ceux qui sont dans les tombeaux, Il a donné la Vie. » Chaque homme peut désormais participer de cette élévation en se laissant relever par le Christ ressuscité.

Nous le voyons, les enjeux de l'épreuve sont considérables. Ses modalités ne peuvent en conséquence être laissées au hasard. Une connaissance extrêmement fine de l'homme à l'échelle à la fois individuelle et collective est nécessaire. Parvenu à ce stade, comment penser encore que l'épreuve puisse revenir à un autre que Celui qui « connaît toutes choses », comme le dit Pierre ? Pourtant, force est de constater que le verbe *éprouver* dans la Bible hébraïque n'a pas Dieu pour unique sujet. L'homme use lui aussi de la mise à l'épreuve. Mais qui peut-il éprouver sinon un autre homme ?

---

64 Nous traduisons.

L'homme, celui qui éprouve

Celui que l'homme met aussi à l'épreuve est Dieu Lui-même ou, plus précisément, le Tétragramme, à savoir ce Dieu intérieur qui recueille dans ses entrailles notre misère d'homme. Tel est bien ce dont les fils d'Israël ont besoin quand ils se mettent à L'éprouver au chapitre 17 de l'Exode. Ils le font par deux épreuves successives, l'une au verset 2, l'autre au verset 7, les seules de toute la Bible hébraïque. S'il existe bien d'autres passages attestant d'une mise à l'épreuve de Dieu par les hommes, ils ne sont en réalité que des reformulations de ces dernières. Ces deux mises à l'épreuve de Dieu par l'homme sont donc celles de tout un peuple. Dans la Bible hébraïque, jamais un homme seul n'éprouve Dieu. Est-ce à dire pour autant qu'aucun individu ne s'y est essayé ? Il nous est impossible de l'affirmer. Une telle pratique relève de l'intime, si ce n'est du très intime, au point peut-être de ne pouvoir ni se dire ni s'écrire.

Peur, manque, doute et oubli

Il nous faut par conséquent nous approcher de ces deux versets de l'Exode pour essayer de comprendre les motivations et les fruits de ces deux mises à l'épreuve. En ce début du chapitre 17, les fils d'Israël poursuivent leur route en direction du sud, vers le désert de Sîn. La progression est toujours aussi pénible et le quotidien difficile, même si la situation s'est quelque peu améliorée, puisque la manne les nourrit désormais. Si elle est toutefois un don précieux qui les maintient en vie, elle est aussi une épreuve divine, étant donné que les hommes n'ont aucune maîtrise sur elle. Par suite, les fils d'Israël ne peuvent que s'en remettre chaque jour à Celui qui fait pleuvoir la nourriture des cieux.

De fait, ils sont éprouvés pour manger, tout en restant dans l'adversité pour boire. Certes l'eau de Mara a pu les désaltérer, mais la route se poursuivant, le peuple de nouveau souffre de la soif et s'interroge : Dieu viendra-t-Il encore à leur secours ou, au contraire, les laissera-t-Il mourir de soif en plein désert ? C'est qu'ici, près de Réphidim, pas une goutte d'eau n'est trouvée et Dieu n'intervient pas. Comment le comprendre ? Quel est ce Dieu qui pourvoit chaque jour à la nourriture de son peuple et qui, en même temps, paraît totalement délaisser ses besoins en eau ? Quel est-Il, Celui qui le sauve de l'esclavage d'Égypte et qui l'abandonne ensuite dans le désert en le laissant mourir de soif ? Les jours passant, le trouble grandit et, déjà bien présente avant le don de la manne, cette peur de mourir peu à peu se renforce. Elle est désormais une angoisse qui étreint la foule. Cette dernière se tourne alors vers Moïse pour lui demander : « Pourquoi donc [...] nous as-tu fait monter d'Égypte ? Pour me laisser mourir de soif, moi, mes fils et mes troupeaux ? » (Ex 17.3).

Nous voyons combien la foi de chacun est mise en difficulté. Elle l'est d'une part par les doutes et les revendications auxquels les fils d'Israël laissent une place toujours plus grande et, d'autre part, par une certaine négligence. Au fil des jours en effet, les fils d'Israël semblent oublier les interventions divines dont ils ont été les bénéficiaires et dont ils jouissent encore, alors que la manne ne cesse de pleuvoir. Mais en ne donnant plus aux dons de Dieu le poids qui leur revient, le peuple finit peu à peu par s'y habituer jusqu'à faire de cet extraordinaire un ordinaire. Cette attitude, Moïse la regrette et ne la comprend pas. S'il avait dû y avoir des hommes confiants et reconnaissants, c'eût dû être eux. Or que font-ils ? Ils se rebellent contre Moïse et, pour la première fois, mettent Dieu à l'épreuve. Le verset 2 du chapitre 17 en témoigne en ces termes : « Le peuple querella Moïse : "Donnez-nous de l'eau à boire", dirent-ils. Moïse leur dit : "Pourquoi me querellez-vous ? Pourquoi mettez-vous le SEIGNEUR à l'épreuve ?" » (Ex 17.2).

Quel étonnement pour Moïse ! Et la surprise est d'autant plus grande que nous lisons la fin de ce verset dans sa version originale. Deux éléments en effet la renforcent. Le premier tient au fait qu'en hébreu biblique, les deux interrogations de Moïse peuvent être entendues comme des exclamations, ce qui ajoute de la vigueur à ses propos. Le deuxième élément repose sur l'utilisation d'une lettre – un ן *nun* final – à la fin des verbes *se quereller*[65] et *éprouver*[66] sans nécessité grammaticale. Comme l'indique Raphaël Hirsch[67], cette consonne ajoutée ayant pour fonction de mettre en valeur la personne, sujet du verbe, elle souligne l'incompréhension de

65 תְּרִיבוּן : ריב à l'inaccompli pa'al, 2e masculin pluriel avec un nun paragogique.
66 תְּנַסּוּן : נסה à l'inaccompli pi'él, 2e masculin pluriel avec un nun paragogique.
67 Samson Raphaël Hirsch, *Commentaires du Pentateuque*, t. II, *op. cit.*, p. 373.

Moïse, voire son indignation. Nous pourrions pour cette raison traduire cette fin de verset par ces mots : « Quoi ! Vous, vous vous querellez avec moi ! Quoi ! Vous, vous éprouvez Adonay [Tétragramme][68] ! » Ainsi compris, nous saisissons d'autant mieux combien le comportement des fils d'Israël n'est pas celui attendu par leur chef. Pour lui, ces hommes ont reçu les garanties suffisantes pour se fier en toute sécurité à Celui qui veille sur chacun. Certes, leurs besoins en eau et en nourriture sont légitimes, mais ils ne doivent pas se laisser autant tourmenter par eux. Jésus le dira plus tard : « Ne vous inquiétez pas au sujet de la nourriture et de la boisson dont vous avez besoin pour vivre » (Mt 6.25).

Se dévoile ici comment, en laissant place à la peur, au doute, à la négligence, mais aussi aux murmures et aux revendications, l'homme est amené à éprouver Celui-là même qui est le garant de sa vie. Se devine également comment l'oubli de la présence de Dieu dans nos vies est comme annonciateur de sa mise à l'épreuve. Elle se prépare dans le cœur de l'homme, jusqu'à cette heure où, ne parvenant plus à faire face à toute cette adversité, celui-ci la met en acte.

Demander et limiter

Pour ce faire, l'homme a recours à différents moyens. Les textes de l'Ancien Testament les précisent, notamment les différents passages après le livre de l'Exode qui explicitent davantage le comportement des fils d'Israël à l'égard de Dieu. Le verset d'un psaume par exemple indique à ce pro-

68 Nous traduisons.

pos : « Sciemment, ils mirent Dieu à l'épreuve et demandèrent de manger selon leur appétit » (Ps 78.18). Par ces mots, le psalmiste établit un lien direct entre une demande et la mise à l'épreuve de Dieu. Il n'est pas le seul, le roi Akhaz faisant de même. Dans un extrait du livre d'Isaïe (Ésaïe, selon les traductions) en effet, nous apprenons de lui qu'il refuse de solliciter un signe de la part de Dieu, alors que Dieu Lui-même l'attend de lui. Le roi s'en explique en disant : « Je n'en demanderai pas et je ne mettrai pas le SEIGNEUR à l'épreuve » (Es 7.12).

Doit-on en conclure que toute demande adressée à Dieu est une mise à l'épreuve de Celui-ci ? Avant de l'affirmer, il nous faut questionner les conditions et la nature de celle-ci, d'autant qu'en différents passages, les Écritures nous invitent justement à demander. Il en va ainsi dans l'Évangile de Matthieu, quand Jésus affirme : « Demandez, on vous donnera ; cherchez, vous trouverez ; frappez, on vous ouvrira. [...] Si donc vous, qui êtes mauvais, savez donner de bonnes choses à vos enfants, combien plus votre Père qui est aux cieux donnera-t-il de bonnes choses à ceux qui le lui demandent » (Mt 7.7-11). Nous comprenons à ces mots que demander n'est pas une transgression. Alors pourquoi demander un signe ou de la nourriture pourrait-il être considéré comme une mise à l'épreuve de Dieu ? La réponse tient peut-être dans la façon de procéder.

Relisons à ce sujet la requête des fils d'Israël : « Le peuple querella Moïse : "Donnez-nous de l'eau à boire", dirent-ils. Moïse leur dit : "Pourquoi me querellez-vous ? Pourquoi mettez-vous le SEIGNEUR à l'épreuve ?" » (Ex 17.2). Nous ignorons la tonalité avec laquelle ces hommes s'expriment, mais nous pouvons nous interroger : l'eau est-elle demandée ou exigée ? Si la formulation de la phrase ne nous permet pas de répondre, la répétition du verbe *quereller* de part et d'autre de cette interpellation doit attirer notre attention. En observant ce verbe en hébreu, nous constatons qu'il est conjugué à deux reprises à l'inaccompli. Cette forme verbale étant souvent utilisée pour traduire une habitude, cette action aurait vocation à se répéter. Nous pouvons par là même supposer que cette querelle n'est ni la première ni la dernière. En regardant en outre la signification de la racine ריב (ר rèsh – י *yo*d̲ – ב *bè*t̲) qui est à la base de ce verbe, nous apprenons d'après les travaux de Raphaël Hirsch que les fils d'Israël ont en fait « cherche[é] à faire valoir des droits présumés ou légitimes[69] ». La réponse de Moïse pourrait en ce sens s'entendre comme telle : « Quoi ! Vous, vous cherchez à faire valoir des droits présumés ou légitimes avec moi[70] ! » S'ensuit que c'est la revendication de l'eau comme un droit légitime, et cela de manière sûrement répétée, qui soulève ici l'indignation de Moïse. La demande fait place à l'exigence et, dans ces conditions, devient une mise à l'épreuve.

Nous sommes alors très loin des dispositions requises pour toute demande adressée à Dieu. Jésus les précise dans les évangiles en nous invitant à demander en priant : « Tout ce que vous demanderez dans la prière avec foi, vous le recevrez » (Mt 21.22), cela, en son nom, « Tout ce que vous demanderez en mon nom, je le ferai » (Jn 14.13), tout en

69 Samson Raphaël Hirsch, *Commentaires du Pentateuque*, t. II, *op. cit.*, p. 373.
70 Nous traduisons.

demeurant en Lui, « Si vous demeurez en moi et que mes paroles demeurent en vous, vous demanderez ce que vous voudrez, et cela vous arrivera » (Jn 15.7). À nous de conclure que le contenu de la demande, qu'il soit de l'eau ou tout autre chose, est bien secondaire comparé à l'état d'esprit dans lequel nous sommes avant de la formuler, sa forme en découlant. Nos attentes par rapport à elle sont également déterminantes. Sont-ce le trouble, l'agitation, voire l'inquiétude qui accompagnent nos mots ou, au contraire, la paix ? Comme nous pouvons le lire dans l'épître aux Philippiens : « En toute occasion, par la prière et la supplication accompagnées d'action de grâce, faites connaître vos demandes à Dieu. Et la paix de Dieu, qui dépasse tout ce que l'on peut imaginer, gardera vos cœurs et vos pensées en communion avec Jésus-Christ » (Ph 4.6-7). C'est bien cette paix venue d'En Haut qui devrait faire suite à toute requête. Aussi s'agit-il de tout demander à Dieu et de tout attendre de Lui, sans jamais l'exiger, « faire connaître » à Dieu comme le dit Saint Paul et Le laisser œuvrer.

En agissant de la sorte, les fils d'Israël se seraient ouverts à plus grand qu'eux, sans enfermer ni Dieu, ni Moïse, ni eux-mêmes dans leurs revendications. Rappelons-nous à cette occasion qu'en hébreu biblique, le verbe *demander*[71] est composé des consonnes **שׁאל** (**שׁ** *shin* – **א** 'alèph – **ל** lamè<u>d</u>), qui sont également celles à la base du mot *Shéol*[72]. Cette racine commune doit nous faire réfléchir, si ce n'est nous mettre en garde : le Shéol est en effet dans la Bible hé-

---

71 שָׁאַל

72 שְׁאֹל

braïque le lieu de l'obscurité, associé au royaume de la mort. Job l'évoque dans son livre au chapitre 10, versets 21 et 22, quand il affirme s'en aller « sans retour au pays de ténèbre et d'ombre de mort, au pays où l'aurore est nuit noire, où l'ombre de mort couvre le désordre, et la clarté y est nuit noire ». Nous voici prévenus : demander n'est pas sans risque et requiert de notre part une grande vigilance. Nous sommes invités, dans un mouvement ascendant vers les cieux, à demander sans rien fixer, et non pas, dans un mouvement inverse, à enfermer la réponse et à s'enfermer dans sa demande-exigence. Sans cela, notre requête devient une mise à l'épreuve comme l'affirme le psalmiste dans le psaume 78.

Ce dernier témoigne d'ailleurs dans ce même psaume d'une autre façon d'éprouver Dieu. Cette traduction du verset 41 : « De nouveau ils mirent Dieu à l'épreuve, attristant le Saint d'Israël[73] » ne le laisse pas présager, mais le verbe *attrister* correspond en réalité en hébreu biblique à un verbe[74] qui signifie « fixer des limites[75] ». Nous pourrions sans peine entendre cette phrase ainsi : « et ils ont fixé des limites au Saint d'Israël » ou, plus précisément encore, en respectant l'ordre des mots hébraïques : « et au Saint d'Israël, ils ont fixé des limites[76] ». Par cette mise en valeur du complément d'ob-

---

73 Autre traduction : « Ils recommencèrent à provoquer Dieu, à offenser le Saint d'Israël » (Ps 78.41, version NBS).

74 הִתְווּ : תוה à l'accompli hiph'il, 3e pluriel.

75 Samson Raphaël Hirsch, *The Hirsch Tehilim*, *op. cit.*, p. 664 ; Nathaniel Philippe Sander et Isaac Léon Trénel, *Dictionnaire hébreu-français*, Genève, Slatkine Reprints, 2012, p. 779.

76 Nous traduisons.

jet, celui-ci étant placé volontairement avant le verbe, ce qui ne correspond pas à la construction habituelle des phrases en hébreu biblique, nous devinons que la mise à l'épreuve n'est pas tant dans le fait de fixer des limites que de s'y employer auprès de Celui qui est sans limite. Ce faisant, l'épreuve n'a pas lieu en vue du déploiement de l'éprouvé, mais en vue de son rétrécissement. Elle s'en trouve détournée et n'est plus ce qu'elle doit être. Il en résulte qu'en étant celui qui éprouve, l'homme s'octroie un droit qui ne lui revient pas et prend la place de Dieu. En tant que Créateur, Lui seul en vérité est en capacité de nous élever en nous éprouvant. Par conséquent, toute tentative est vaine pour l'homme de prétendre pouvoir faire de même. Qui s'y risquerait ne réussirait qu'à faire peser sur celui qu'il éprouve les limites qui sont les siennes et qu'il n'accepte pas.

Vouloir savoir et se sécuriser

Ce sont ces limites qui poussent les fils d'Israël à mettre Dieu à l'épreuve en essayant par tous les moyens de se rassurer et, plus encore, de se sécuriser. Nous le comprenons aisément vu que tout malmène le peuple durant cette marche. Les conditions de vie sont très précaires, le besoin incessant de trouver de l'eau dans ce milieu aride obsédant, et l'attente de la manne pour pouvoir se nourrir éprouvant. Autant d'éléments qui, jour après jour, usent le peuple et qui entament la confiance de ces hommes envers leur Dieu. Difficile alors de ne pas douter et de ne pas s'interroger : « Le SEIGNEUR est-il au milieu de nous, oui ou non ? » (Ex 17.7). Cette question, qui pourrait être traduite plus littéralement ainsi : « Est-ce que présence de Dieu [Tétragramme] dans notre intérieur ou absence[77] ? » est celle des fils d'Israël quand ils éprouvent Dieu. Plus largement, elle est une interrogation de tous les âges et de tous les peuples. Comment ne pas se demander, alors même que nous nous sentons menacés chaque jour et bousculés de toute part, si Dieu est toujours présent ? Comment être sûr que ce Dieu qui est Celui des cieux, Celui qui agit sur l'extérieur, est aussi ce Dieu de l'intime qui demeure en moi et qui œuvre en mon sein ? Cette réflexion dans le cœur de ces hommes est universelle, elle est aussi ontologique.

Si aucune théorie ne peut y répondre de manière satisfaisante, dans la mesure où seule l'expérience intime de la présence divine apporte la grâce de l'apaisement, nous pouvons cependant essayer de l'élargir, en associant certains de ces mots avec d'autres, formés des mêmes consonnes dans un ordre différent. En procédant ainsi, ce que nous traduisons par « milieu » ou « intérieur », קֶ֫רֶב (*qèrèb*) en hébreu biblique, est à rapprocher de קֶ֫בֶר (*qèbèr*), qui signifie « tombeau ». Cette association est d'ailleurs présente dans la première moitié du verset 10 du psaume 5 en la succession de ces deux substantifs : « Rien dans leur bouche n'est sûr, <u>leur cœur</u> [קֶ֫רֶב] est plein de crimes ; leur gosier est une <u>tombe</u> [קֶ֫בֶר] béante. » Malheureusement cette ressemblance des termes est invisible en français, mais l'œil attentif du lecteur en hébreu[78] le remarque. Dès lors, la question des fils d'Israël pourrait se compléter : « Est-ce que présence de Dieu

77 Nous traduisons.

78 כִּ֤י אֵ֪ין בְּפִ֡יהוּ נְכוֹנָה֮ קִרְבָּ֪ם הַ֫וּ֥וֹת קֶֽבֶר־פָּת֥וּחַ גְּרוֹנָ֑ם (Ps 5.10).

dans notre intérieur [קֶרֶב], dans notre tombeau [קֶבֶר] ou absence[79] ? » Bien sûr, la phrase initiale n'est pas à strictement parler celle-ci, mais elle pourrait dans un deuxième temps être entendue comme telle eu égard à cette technique de permutation des lettres chère à la tradition juive. Or, en poursuivant cette pratique, cette première correspondance s'enrichit d'un troisième terme, רָקָב (*raqab*), qui évoque la pourriture. De nouveau, l'interrogation des fils d'Israël se déploie : « Est-ce que présence de Dieu dans notre intérieur [קֶרֶב], dans notre tombeau [קֶבֶר], dans notre pourriture [רָקָב] ou absence[80] ? » Le texte le suggère sans l'écrire, ces mots prenant une profondeur et une densité remarquables. Ils rejoignent chaque homme en ces instants les plus secrets, lorsqu'il se demande si Dieu est bien présent en son dedans, jusque dans les parties les plus sombres et enténébrées de lui-même, là où règne la mort et où son être se putréfie.

On le devine, cette question est aussi la nôtre, chacun ayant été amené un jour à se la poser. Mais que nous enseigne le texte biblique à ce propos ? Il nous indique par le biais des fils d'Israël qu'elle est une mise à l'épreuve de Dieu. C'est qu'éprouver Dieu n'est pas nier son existence ou sa toute-puissance, mais entretenir un doute quant à sa présence effective et efficiente au tréfonds de nous-mêmes. Les fils d'Israël en témoignent. Leur motivation principale n'est pas tant de savoir si Dieu peut intervenir dans leurs besoins quotidiens, que de s'assurer que ce Dieu « extérieur », qui fait

---

79 Nous traduisons.

80 Nous traduisons.

sortir d'Égypte et pleuvoir la manne, est aussi un Dieu « intérieur », présent en leur sein, là où se cache souvent ce qui est honteux. En cela, la mise à l'épreuve de Dieu par les fils d'Israël nous concerne tous personnellement. Elle est en un sens la nôtre, nous qui oublions si souvent cette présence qui s'est déjà fait jour dans notre vie. C'est dire si, à bien des occasions et par bien des êtres, Dieu se retrouve mis à l'épreuve, laissant l'homme faire patiemment et silencieusement.

Conséquences

Dieu permet en effet que nous L'éprouvions. Mais qu'en est-il pour Lui ? Comment nos mises à l'épreuve l'affectent-elles ? Il nous est impossible de le savoir. Une parole de Moïse affirme néanmoins qu'à Massa, lieu de la mise à l'épreuve de Dieu par les fils d'Israël, ces derniers ont « irrité le SEIGNEUR » (Dt 9.22). Le verbe utilisé en hébreu biblique[81] signifiant plus précisément « provoquer la colère de quelqu'un », nous pourrions dire : « vous avez été ceux qui provoquent la colère de Dieu [Tétragramme][82] ». Mais quelle est celle-ci, sinon la manifestation de son Amour blessé ? C'est qu'en agissant comme tel, l'homme non seulement porte atteinte à sa relation avec Dieu, mais il s'abîme lui-même, ce qui ne peut qu'affecter Celui qui l'aime. Les conséquences sont donc lourdes, pour Dieu comme pour celui qui Le met à l'épreuve, rien n'étant anodin dans cet acte.

---

81 מַקְצִפִּים : קצף au participe hiph'il, masculin pluriel.

82 Nous traduisons.

Et pour cause : tout homme qui éprouve Dieu une première fois a tendance à recommencer. Dieu l'atteste en disant à Moïse que ceux qui ont vu sa gloire et ses signes, en Égypte ou dans le désert, l'ont « mis à l'épreuve dix fois » (Nb.14.22). On comprend qu'une première mise à l'épreuve en entraîne d'autres, une dynamique de répétition s'installant. Or chacune d'entre elles est source de nouveaux méfaits pour l'homme. Dieu le confirme en affirmant dans ce même verset : « Et ils n'ont pas accueilli favorablement ma voix[83]. » S'esquisse un engrenage : en éprouvant Dieu, l'homme s'en éloigne, il se ferme à sa Parole et, ce faisant, s'interroge même sur les capacités de Dieu. Les fils d'Israël en attestent quand, dans le psaume 78, ils viennent à se demander : « Dieu est-il capable de dresser la table dans le désert ? » (Ps 78.19).

La suite du psaume : « Rebelles, ils mirent à l'épreuve le Dieu Très-Haut, ne respectant pas ses exigences » (Ps 78.56) confirme d'ailleurs cette imbrication des actions qui, dans sa version originale, est d'autant plus éloquente. À dire vrai, ce verset dans la Bible hébraïque est composé de trois verbes qui se succèdent, liés entre eux par une conjonction de coordination. Cette dernière est souvent utilisée pour décrire une suite chronologique d'événements, chacun découlant du précédent. Une chaîne se constitue alors. Fort de ces précisions, regardons de nouveau cette phrase en hébreu. Elle débute par ces mots : « <u>Et</u> ils ont mis à l'épreuve[84] », se pour-

---

83 וְלֹא שָׁמְעוּ בְּקוֹלִי׃ (Nb 14.22). Nous traduisons.

84 וַיְנַסּוּ : waw inversif + **נסה** à l'inaccompli pi'él, 3e masculin pluriel. Nous traduisons.

suit par : « puis, ils se sont rebellés[85] » que l'on pourrait entendre également ainsi : « par conséquent, ils se sont rebellés », et elle se termine de cette manière : « puis, ils n'ont pas gardé ses témoignages[86] », ou : « par conséquent, ils n'ont pas gardé ses témoignages[87]. » Trois actions s'enchaînent : la mise à l'épreuve de Dieu qui est l'acte initial, puis la rébellion contre Lui, et enfin la perte et le non-respect de ses actes.

Par cette relecture, nous prenons davantage conscience qu'en éprouvant Dieu, l'homme s'enferme dans le refus et la surenchère jusqu'à devenir prisonnier d'une dynamique mortifère qui se referme sur lui. À chaque nouvelle mise à l'épreuve, l'homme s'éloigne davantage de son Créateur et s'en isole. Il se coupe dès lors de la grâce divine, se fragilise et se met à la merci de plus lourds dommages encore.

À leurs dépens les fils d'Israël en sont un exemple saisissant. Tandis que le verset 7 du chapitre 17 de l'Exode nous apprend qu'ils ont mis Dieu à l'épreuve en se posant la question de la présence de Dieu au milieu d'eux, le verset suivant nous annonce la venue d'Amaleq : « Alors, Amaleq vint se battre avec Israël à Refidim » (Ex 17.8). Quand on sait qu'il est considéré depuis toujours comme l'ennemi d'Israël qu'il faut exterminer ou, pour les Pères de l'Église, le démon personnifié, nous devinons que son apparition pour combattre le

---

85 וַיַּמְרוּ: waw inversif + מרה inaccompli hiph'il, 3e masculin pluriel. Nous traduisons.

86 וְעֵדוֹתָיו לֹא שָׁמָרוּ: waw de coordination + substantif à l'E.C. pluriel + suffixe nominal 3e masculin singulier + négation + שׁמר à l'accompli pa'al, 3e pluriel (en pause). Nous traduisons.

87 Nous traduisons.

peuple n'est pas un hasard. C'est qu'en éprouvant Dieu, les fils d'Israël se sont affaiblis et ils ont permis à l'ennemi de s'engouffrer. Nous pouvons en conclure que la mise à l'épreuve de Dieu ouvre la porte à l'adversaire qui, immédiatement, vient combattre l'homme afin de le voir périr.

Quoi de mieux dans ce cas que de s'interdire toute mise à l'épreuve ? Moïse le recommande justement avant l'entrée du peuple en Terre promise, en rappelant les lois et les prescriptions que Dieu lui a transmises. Il dit aux fils d'Israël et, plus largement, à nous tous : « Vous ne mettrez pas à l'épreuve le SEIGNEUR votre Dieu comme vous l'avez fait à Massa » (Dt 6.16). Comment désormais ne pas entendre cette recommandation comme une protection pour l'homme, une mise en garde qui l'empêche de prendre une place qui n'est pas la sienne ? Penser en effet que l'homme est capable d'éprouver Dieu revient à inverser totalement le rapport de l'homme à Dieu, faisant de l'homme le Créateur et Dieu la créature. L'être qui s'y emploie ne parvient à aucune élévation, mais à l'inverse abaisse l'épreuve en deçà de ce qu'elle est, ne faisant que la défigurer en transformant cet acte de confiance en un acte de défiance. C'est que, lorsqu'il éprouve Dieu, l'homme le fait par manque de foi, alors que Dieu, Lui, éprouve l'homme parce qu'Il a foi en lui. Il en résulte que l'épreuve se doit de rester une prérogative divine, l'homme ne pouvant que « rater la cible » visée par l'épreuve et, par là même, « pécher », comme la racine hébraïque commune **חטא** (ח *ḥèṯ* – ט *ṭèṯ* – א *'alèph*) à la base de ces deux verbes – *rater la cible* et *pécher* – nous invite à le penser.

Cela étant, il nous incombe désormais de trouver en ceux qui ont été éprouvés par Dieu des compagnons de route pour nous soutenir et nous guider quand, à notre tour, Dieu nous appellera à grandir par l'épreuve.

branches

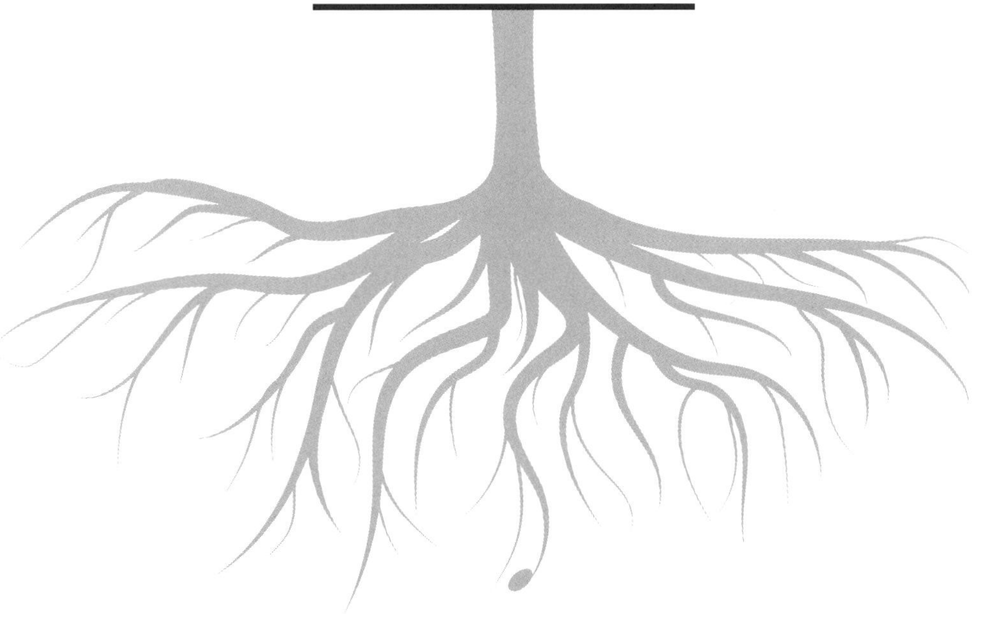

Job, un homme éprouvé ?

Quelle figure plus exemplaire que celle de Job pour nous accompagner quand nous sommes éprouvés ? N'est-il pas cet homme qui, du jour au lendemain, perd tout, frappé injustement par différents maux, lui le juste, modèle de foi au temps des épreuves ? Il apparaît en cela comme l'archétype de l'éprouvé. Le penser tout de go, c'est omettre cependant que jamais dans la Bible hébraïque n'est écrit que Dieu éprouve Job. Nous le lisons explicitement au sujet d'Abraham au verset 1 du chapitre 22 de la Genèse, mais nulle part pour ce qui est de Job. Il n'est d'ailleurs éprouvé par personne. Mais alors que lui arrive-t-il ?

Cette représentation commune d'un être éprouvé de toute part ne prend pas suffisamment en compte les versets 7 à 12 du premier chapitre du livre portant son nom. Nous y découvrons un dialogue introductif entre Dieu et le Satan tout à fait essentiel à la suite de l'histoire. Il nous permet de prendre conscience que la relation qui est mise en exergue dans ce récit n'est pas tant celle de Job avec Dieu, que celle de Dieu avec le Satan. Certes tous deux s'entretiennent à propos de Job, mais les enjeux véritables de cet échange dépassent largement cet homme. Ils concernent l'humanité entière, Job ne faisant que la représenter. Ce dernier est cet être choisi par Dieu, utilisé par Lui et espéré de Lui, celui auquel Dieu a recours pour faire face au Satan qu'Il laisse agir.

Mais ne nous y trompons pas : une telle permission est toujours à la faveur de l'homme, Dieu restant toujours le maître des événements. Comme l'affirme le théologien orthodoxe Jean Claude Larchet dans un de ses ouvrages : « [Il n'est pas] un principe du mal autonome par rapport au principe du bien, concurrent de celui-ci, et éventuellement capable de le supplanter[1]. » C'est donc Dieu qui, au moment qu'Il juge favorable, prend l'initiative de s'adresser au Satan en lui demandant : « As-tu remarqué mon serviteur Job ? Il n'a pas son pareil sur terre. C'est un homme intègre et droit qui craint Dieu et s'écarte du mal » (Jb 1.8). Le Satan alors de répondre : « Est-ce pour rien que Job craint Dieu ? Ne l'as-tu pas protégé d'un enclos, lui, sa maison et tout ce qu'il possède ? » (Jb 1.9-10), puis de renchérir : « Tu as béni ses entreprises, et ses troupeaux pullulent dans le pays. Mais veuille étendre ta main et touche à tout ce qu'il possède. Je parie qu'il te maudira en face ! » (Jb 1.10-11). En à peine quelques mots, l'authenticité du comportement de Job est ainsi remise en cause, sa foi soupçonnée, le Satan l'accusant de ne craindre Dieu que par pur intérêt, soit pour éviter la punition divine, soit au contraire, en vue d'une récompense. Dans tous les cas, il ne fait aucun doute pour le Satan que, face à l'adversité, Job, immanquablement, se retournera contre Dieu.

Nous voyons combien le Satan remplit très efficacement la tâche qui lui revient, à savoir être un adversaire. Son nom

---

1 Jean-Claude Larchet, *Dieu ne veut pas la souffrance des hommes*, Paris, Éditions du Cerf, 2008, p. 62.

hébraïque l'affirme, le mot שָׂטָן (*saṭan*) reposant sur la racine שׂטן (שׂ *sin* – ט *ṭèṯ* – ן *nun*) qui évoque les actions d'entraver, de retarder, d'accuser et de s'opposer[2]. Tel est bien le travail du Satan, celui de mettre des obstacles sur le chemin de l'homme. Pour ce faire, il ne peut cependant agir seul, ayant besoin de l'autorisation de Dieu. Aussi lui faut-il l'obtenir avant même de s'en prendre à Job. À peine demandée, celle-ci lui est accordée, Dieu lui disant : « Soit ! Tous ses biens sont en ton pouvoir » (Jb 1.12), avant d'ajouter : « Évite seulement de porter la main sur lui » (Jb 1.12). À partir de cet instant, les proches de Job et ses biens sont laissés au Satan, sa vie seule restant entre les mains de Dieu, protégée par cette limite imposée.

Plus rien désormais ne retient le Satan. Job, dès lors, voit se succéder différents messagers lui annonçant tour à tour la mort de son bétail, de ses serviteurs et de ses enfants. Absent de cet échange inaugural entre Dieu et le Satan, il ignore que ce dernier est l'instigateur de tous ces drames, mais pour autant il clame : « Le SEIGNEUR a donné, le SEIGNEUR a ôté : Que le nom du SEIGNEUR soit béni ! » (Jb 1.21). C'est dire l'authenticité de sa foi qui, malgré toutes ces catastrophes en cascade, continue de bénir Dieu. Quel revers pour le Satan qui se retrouve contraint de poursuivre ! Une nouvelle permission est demandée, accordée par Dieu et accompagnée de la même limite : respecter la vie de Job. S'abat bientôt sur lui « une lèpre maligne depuis la plante des pieds jusqu'au sommet de la tête » (Jb 2.7). Même si la maladie n'est pas mortelle, les difficultés s'enchaînent. Job est ainsi

---

2 Matityahu Clark, *op. cit.*, p. 277.

acculé, contraint de tenir bon, de persévérer et de combattre. Et pour cause, tous ces événements sont des occasions de chute, tous l'affectent profondément, mais lui, endure patiemment.

N'est-ce pas précisément ce que fait Dieu Lui-même, témoin des coups successifs portés à Job, cet homme qui, parce qu'il a toute sa confiance, est celui qu'Il choisit pour permettre au Satan d'œuvrer ? Impossible pour Dieu de ne pas être affecté par ce qui afflige Job, de ne pas pâtir à sa manière de toutes ces attaques du Satan qui, sans répit, teste Job jusqu'à l'extrême, jusqu'à le voir remettre en cause sa foi. Quelle illustration saisissante de ce dont Jésus avertira plus tard Simon juste avant son reniement : « Simon, Simon, Satan vous a réclamés pour vous secouer dans un crible comme on fait pour le blé », et de renchérir : « Mais moi, j'ai prié pour toi, afin que ta foi ne disparaisse pas » (Lc 22.31-32). N'est-ce pas ici un témoignage *a posteriori* de ce que vit Job ? Ces mots sont bien entendu issus du Nouveau Testament, mais ne pourrait-on pas les laisser résonner en ce livre de Job, un Testament en éclairant un autre ? De la sorte, la solitude de Job se revêt de la présence divine, son combat étant également celui de Dieu. C'est Lui en effet qui protège la vie de Job et qui, à l'instar de ces mots de Jésus, garde et fortifie sa foi que jamais il ne reniera.

Dans ces conditions, nous comprenons pourquoi Job n'est pas, à proprement parler, éprouvé par Dieu. Il ne peut dans ce cas être pour nous un modèle dans nos épreuves.

Abraham,
modèle dans l'épreuve

Quoi de mieux alors que de s'approcher d'Abraham ? N'est-il pas le premier homme de toute la Bible hébraïque à avoir été éprouvé par Dieu et le seul à ne pas l'avoir mis à l'épreuve en retour ? De fait, l'expérience du patriarche ne peut qu'être instructive, et cela dès le premier verset du chapitre 22 de la Genèse. Le texte nous dit : « Après ces événements, il arriva que Dieu mit Abraham à l'épreuve. Il lui dit : "Abraham" ; il répondit : "Me voici" » (Gn 22.1). L'épreuve n'a pas encore débuté que les dispositions d'Abraham sont déjà remarquables : à peine Dieu l'appelle-t-Il que le patriarche répond sans attendre. Au verbe *dire* succède immédiatement le verbe *répondre*. Quelle rapidité d'action de la part d'Abraham ! Cette dernière est d'autant plus perceptible que nous lisons cette deuxième moitié de verset dans sa version hébraïque, en prêtant tout particulièrement attention aux accents. En hébreu biblique, il en est un qui accompagne chaque mot. Une de ses fonctions est de donner au texte une dynamique en lui insufflant un rythme. Il existe pour cela différents types d'accents. Qu'en est-t-il de ceux présents sur ces mots : « Il lui dit : "Abraham" ; il répondit : "Me voici." » ? Nous constatons avec Raphaël Hirsch[3] que l'accent

3 Samson Raphaël Hirsch, *Commentaires du Pentateuque*, t. I, *op. cit.*, p. 542.

attribué au mot *Abraham*[4] est un de ceux que l'on appelle « précurseur », à savoir un accent qui en annonce un autre, comme par anticipation, lequel est placé sur les mots « Me voici[5] ». Le nom du patriarche est par là même relié directement à sa réponse. On devine ici tout l'empressement d'Abraham qui atteste immédiatement de sa présence dès que Dieu l'interpelle. Bien plus, il engage toute sa personne et le reste de sa vie en un seul mot : הִנֵּנִי (*hinnéni*), « me voici ». Rachi, dans ses commentaires, le souligne en citant à ce propos le *Midrash Tanchuma Vayera* 22 : « C'est ainsi que répondent les gens pieux, en signe d'humilité et pour indiquer qu'ils sont prêts[6]. » Il en va ainsi d'Abraham, il en sera de même de Moïse devant le buisson ardent[7], de Samuel lors de cette nuit où Dieu l'appelle à trois reprises[8], ou du prophète Isaïe à l'heure où il lui fallait devenir l'envoyé de Dieu[9]. À chaque fois, la réponse de ces hommes est identique : « Me voici », signe de leur foi et du dessaisissement en eux de tout autre projet que celui de Dieu pour eux-mêmes.

Une fois ce mot prononcé, il n'est plus nécessaire pour Abraham de connaître la suite. Il ne sait rien de l'épreuve que Dieu lui propose, rien de ce à quoi Il l'appelle. Les précisions viennent ensuite, une fois le consentement donné, lorsque Dieu lui dit : « Prends ton fils, ton unique, Isaac, que tu aimes. Pars pour le pays de Moriyya et là, tu l'offriras en holocauste

4 Tiphḥa' sous אַבְרָהָם֖.

5 Silluq sous הִנֵּֽנִי.

6 Rachi, *Commentaires du Pentateuque*, Gn 22.2 [en ligne : sefarim.fr].

7 Ex 3.4.

8 1 S 3.4-9.

9 Es 6.8.

sur celle des montagnes que je t'indiquerai » (Gn 22.2). Quelle épreuve de la part de Dieu ! Aussi comprenons-nous d'autant mieux pourquoi la disponibilité d'Abraham à la parole divine, son accueil inconditionnel et sa totale confiance en Dieu sont indispensables pour que Dieu l'éprouve. Il importe que le patriarche s'engage sans retour en arrière pour que Dieu, à son tour, engage l'épreuve. C'est dire combien cette dernière s'appuie sur la foi. L'épreuve ne survient pas par absence de foi, mais à l'inverse manifeste l'existence de celle-ci, autant pour l'éprouvé que pour celui qui éprouve. Comment en effet ne pas avoir foi en Abraham en prononçant de tels mots ? S'ensuit que la foi est nécessaire à l'épreuve, d'une part pour la permettre, d'autre part pour la surmonter.

Le patriarche s'appuie donc sur elle pour traverser cette épreuve. À cette fin, une fois le consentement donné, il n'ajoute plus aucun mot. Il obéit en faisant, c'est-à-dire qu'il met en acte, de manière concrète et sans tarder, ce que Dieu lui demande. Il prend son fils et part, sans même poser de question, se laissant conduire jusqu'au lieu que Dieu lui indique. En agissant ainsi, il ne laisse pas de place au doute, coupe court à toute revendication, tout murmure, lesquels rendront prisonniers les fils d'Israël lorsqu'ils seront à leur tour mis à l'épreuve.

Abraham accepte cet inconnu, ignore où il va, pour quelles raisons il est invité à partir et ne sait pas précisément en vue de quoi il doit le faire. Seule la volonté divine compte : « Prends ton fils, ton unique, Isaac, que tu aimes. Pars pour le pays de Moriyya et là, tu l'offriras en holocauste sur celle des montagnes que je t'indiquerai » (Gn 22.2). Mais quel sens lui donner ? Lorsqu'on se rappelle qu'un holocauste est une offrande par le feu où la victime est consumée intégralement, il paraît difficile d'imaginer que ce fils longtemps promis et finalement donné, héritier de la descendance à venir, soit aussi celui à offrir en une offrande d'élévation. Comment Abraham pouvait-il accueillir cette parole, l'entendre et la comprendre ? Force est de constater que, pour nous-mêmes lecteurs, la tâche n'est pas simple. Nommé dans la tradition juive la « ligature d'Isaac » ou, dans la tradition chrétienne, « le sacrifice d'Isaac », cet épisode a fait en ce sens couler beaucoup d'encre, mais sans permettre d'identifier de manière certaine le projet divin. Cette mise à l'épreuve d'Abraham ne nous mettrait-elle pas nous aussi à l'épreuve, faisant appel également à notre foi ?

Une seule chose est sûre, Abraham doit prendre son fils. Aussi pouvons-nous nous rapprocher de ce verbe *prendre* en le mettant en correspondance avec un autre mot, écrit avec les mêmes consonnes hébraïques. Ce faisant, nous retrouvons avec surprise un terme déjà connu, celui du *ḥoq*[10] (quelque chose qui restreint l'arbitraire individuel). Dans l'expression « Prends ton fils » en effet, le verbe *prendre* קַח (*qaḥ*) est écrit avec deux consonnes (ק *qoph* et ח *ḥèṯ*) identiques à celles qui composent le mot חֹק (*ḥoq*). En se rappelant qu'il est précisément une prescription divine que l'homme ne peut comprendre, il n'est plus étonnant de constater que la demande de Dieu nous reste pour une part incompréhensible. Elle est assurément une invitation à monter avec ce fils

10 Voir p. 50.

au sommet d'une montagne, mais le sens précis de cette élévation nous dépasse, comme c'est certainement le cas pour Abraham et Isaac eux-mêmes.

C'est que la portée de cette épreuve divine va bien au-delà de ce que nos yeux peuvent voir. Elle ne concerne pas uniquement le patriarche et son fils, mais a des répercussions sur l'humanité entière. Il en va de l'alliance entre Dieu et Abraham et, plus largement, de celle de Dieu avec les hommes. Et comme pour tout pacte, une tâche revient à chacun. Pour Dieu tout d'abord, il s'agit d'espérer l'homme en toute situation, même si, comme pour Abraham, cela implique de le confronter à celle qui lui est la plus redoutable. Nous apprécions alors d'autant plus la prévenance et la délicatesse dont Dieu fait preuve quand, comme nous l'avons déjà mentionné, Il ajoute juste après le verbe *prendre* ce « je t'en prie », que nous pouvons désormais entendre comme une supplication de prendre sans comprendre. Pour Abraham, l'histoire semble se réitérer. De nouveau, Dieu l'appelle à se mettre en route vers une terre inconnue. Il lui faut quitter nombre de sécurités, comme il le fit déjà au début du chapitre 12 de la Genèse, se dépouiller et partir avec, pour seule foi, les mots écrits plus tard par Saint Paul dans son épître aux Hébreux : « Même un mort, [...] Dieu est capable de le ressusciter » (He 11.19). Quoi d'autre que cette confiance en la toute-puissance divine pour faire avancer ce père prêt à offrir son fils ? Si Dieu lui a donné Isaac, ne doit-Il pas être à même de le ressusciter ? Ainsi, comme l'affirme le pape copte Chenouda III, « Quand Abraham leva sa main tenant le couteau en direction de son fils, à aucun moment il n'a douté de l'amour de Dieu, ni en la sincérité de Ses promesses. Sa foi en Dieu n'a jamais été ébranlée. De même, il n'a jamais remis en doute Sa promesse selon laquelle, par Isaac, il aura une descendance aussi nombreuse que les étoiles du ciel et que les grains de sable de la mer[11]. »

Nous voyons ici toute la fidélité d'Abraham, cet homme pétri de foi, en lien direct avec Dieu. Il est un père qui élève son fils à la demande de Dieu, l'archétype vétéro-testamentaire de l'homme éprouvé, une première figure pour une première alliance. Mais ne pourrait-on pas la compléter par une autre, issue cette fois des livres du Nouveau Testament, afin d'apporter à cette seconde alliance un nouveau modèle ?

11 Pape Chenouda III, *La vie de foi*, t. IV, Le Caire, Église Saint Athanase et Saint Cyrille VI, coll. « Sagesse d'Orient », 2021, p. 73.

La Mère de Dieu sous la Croix

Les deux grandes parties de la Bible étant en effet indissociables, l'une résonnant en l'autre et inversement, les lire en des va-et-vient incessants est toujours une expérience enrichissante. En procédant de la sorte, les Testaments se rapprochent, les péricopes du Nouveau complétant celles de l'Ancien, tout en s'en distinguant. Il en est ainsi de l'épreuve d'Abraham qui, à différentes reprises par les Pères de l'Église d'Orient[12] et d'Occident[13], a été lue comme préfiguration de la Passion du Christ. Chacun voit en Isaac une image prophétique du Christ : conduit au sacrifice, il est la figure de Jésus livré par les hommes, puis sur l'autel de l'holocauste, annonciateur de son immolation[14].

Ce parallèle établi, ne devrions-nous pas le poursuivre en mettant côte à côte la Mère de Dieu et Abraham ? Un tel prolongement rapprocherait Marie sous la croix de Jésus du patriarche auprès d'Isaac. L'histoire est bien commune : celle d'un père et d'une mère qui offrent leur fils unique. Une ré-

---

12 Origène, *Homélies sur la Genèse*, VIII ; Clément d'Alexandrie, *Pédagogue*, V, 23 ; Jean Chrysostome, *Sermons sur la Genèse*, XLVII.

13 Césaire d'Arles, *Sermons sur l'Écriture*, LXXXIII ; Saint Augustin, *La Cité de Dieu*, XVI, 32 ; Hilaire de Poitiers, *Traité des mystères*, 17.

14 À ce sujet, voir notamment Jean Daniélou, *Les figures du Christ dans l'Ancien Testament*, Paris, Beauchesne, 1950 ; Martine Dulaey, « La grâce faite à Isaac. Gn 22, 1-9 à l'époque paléochrétienne », *Recherches augustiniennes*, 1994, n° 27, p. 3-40.

serve néanmoins doit être faite : si le texte biblique nous précise qu'Abraham est éprouvé par Dieu, il n'en va pas de même pour la Mère de Dieu. Elle semble bel et bien bouleversée en des profondeurs insondables, mais jamais n'est écrit explicitement que Dieu l'éprouve ou que des hommes l'éprouvent. Est-ce à dire que nous ne pouvons le supposer ? Avant de l'affirmer, commençons par regarder plus précisément ce que vit chacun de ces parents au sujet de leur enfant.

À bien des égards, l'un et l'autre sont invités à vivre des événements similaires. Regardons comment ceux-ci surgissent dans la vie de ces deux êtres pour nous en convaincre. Concernant Abraham, nous savons que ce qui l'éprouve ne survient pas tout de suite dans sa vie et dans la relation qu'il a avec son Dieu. Or c'est la même chose pour la Mère de Dieu. Avant d'être fiancée à Joseph et de devenir mère, Marie vit d'abord une vie consacrée au service de Dieu. Les traditions catholique et orthodoxe l'affirment[15] : elle n'est qu'une toute jeune fille quand ses parents Joachim et Anne la font entrer dans le Temple de Jérusalem. D'où bien des années qui tissent un lien fort entre la servante et son Maître, jusqu'à ce qu'elle proclame lors de sa visite à Élizabeth : « Le Puissant a fait pour moi de grandes choses » (Lc 1.49). Quelle exclamation pleine de ferveur ! Nous aurions d'ailleurs pu l'entendre de la bouche même d'Abraham. Rappelons-nous qu'il est l'homme qui, pour la première fois, entend Dieu se nommer « Él Shadday », un autre nom divin traduit le plus sou-

---

15 D'après le *Protévangile de Jacques* (apocryphe), cité et commenté au IIe siècle par Clément d'Alexandrie et Saint Justin le Philosophe.

vent par « Dieu Tout-Puissant »[16]. À n'en pas douter, cette expérience personnelle de la toute-puissance divine leur est à tous deux fondamentale. Elle permet à leur foi de s'enraciner, avant de devenir les gardiens respectifs d'une première et d'une seconde alliance.

Une telle destinée ne peut de fait s'accomplir sans étapes : tout d'abord, celle de la préparation et de la fortification, puis, le jour venu, celle du face-à-face avec une promesse en tout point déconcertante. Abraham la reçoit près des chênes de Mamré[17] par les trois messagers venus lui annoncer la naissance d'Isaac, malgré la stérilité de sa femme et leur âge bien avancé. Quant à Marie, un autre messager de Dieu lui annonce l'arrivée d'un fils en dépit de son étonnement : « Comment cela se fera-t-il puisque je n'ai pas de relations conjugales ? » (Lc 1.34). Chacun est appelé à accueillir l'inconcevable, à croire en une descendance irraisonnable et à faire confiance en l'accomplissement de ce qui vient d'être dit de la part de Dieu. Parce qu'ils le font, ils engagent alors leur personne, le « Me voici » d'Abraham à l'aube de l'épreuve divine répondant à celui de la Mère de Dieu qu'elle adresse à l'ange en ces termes : « Je suis la servante du Seigneur. Que tout se passe pour moi comme tu me l'as dit ! » (Lc 1.38).

Ces deux êtres choisis par Dieu partagent ainsi des dispositions communes. Elles les conduisent jusqu'au sommet d'une montagne, auprès de leur fils, leur unique, celui qu'ils aiment. Pour Abraham, il s'agit du Mont Moriah, identifié par

---

16 Gn 17.1.

17 Gn 18.10.

la tradition juive à la colline du Temple à Jérusalem[18] et, pour Marie, à une autre toute proche, celle du Golgotha, lieu de la Passion du Christ. Chacun y est en présence de son fils, âgé d'une trentaine d'années. C'est le cas de Jésus, mais c'est aussi celui d'Isaac qui, selon la tradition juive[19], a 37 ans au moment des faits. Ces derniers sont voués à la mort et chacun y consent. Isaac ne témoigne d'aucune résistance envers son père, alors qu'il dispose de toute la force physique pour, et quant au Christ, Il déclare : « Le Père m'aime parce que je donne ma vie, pour ensuite la recevoir à nouveau. Personne ne me l'enlève, mais je la donne de moi-même » (Jn 10.17-18). Abraham et Marie se trouvent ainsi auprès de ces hommes, l'un lié sur l'autel de l'holocauste et l'autre cloué sur la croix, témoins de cet être livré en sacrifice, élevé vers Dieu. Nul ne le retient, l'un et l'autre laissant être les choses, Isaac portant les bois de l'holocauste et Jésus portant le bois de la Croix. C'est que ce père et cette mère pressentent, avant même de monter sur la montagne, qu'il s'agira d'offrir leur fils. Abraham l'a entendu de la bouche même de Dieu dès le début de sa mise à l'épreuve, et la Mère de Dieu l'a reçu indirectement du vieillard Syméon, au sein de sa prophétie lors de la présentation de Jésus enfant au Temple : « Il est là pour la chute ou le relèvement de beaucoup en Israël et pour être un signe contesté – et toi-même, un glaive te transpercera l'âme » (Lc 2.34-35). Bien avant la Croix, Marie connaît donc cet avenir souffrant et à l'heure du Golgotha, elle y consent. Elle comprend que le glaive à deux tranchants, cette double agonie,

---

18 2 Ch 3.1.

19 *Midrash Rabba, Bereshit Rabba* 55, 4 [en ligne : sefaria.org/Bereishit_Rabbah.55.4?lang=bi].

celle de son fils et la sienne propre, est pour elle le dessein de Dieu annoncé. Qu'il s'agisse du patriarche ou de la Mère de Dieu, tous deux savent et, pourtant, aucun ne renonce. Bien au contraire, ils s'engagent dans cette épreuve, suivent leur fils pas à pas en direction du sommet de cette montagne et acceptent la mort de leur enfant en gardant foi en sa résurrection.

Que de ressemblances entre ces êtres ! Toutefois, des différences importantes existent. Si chacun offre son fils en témoignage de son amour, de sa foi et de son obéissance, pour la Mère de Dieu cet acte est sans commune mesure avec celui d'Abraham. Ce fils est offert, mais avant tout pour l'humanité et son salut. Ce que Marie endure prend dès lors une ampleur toute autre. Il suffit de regarder précisément ce qui se passe sur ces deux montagnes pour l'attester. Isaac étant retiré de l'autel le troisième jour et remplacé par un bélier sur le Mont Moriah, Abraham n'assiste qu'à la mort de l'animal, lui seul étant sacrifié. La Mère de Dieu quant à elle est témoin de la Passion, de la crucifixion, de l'agonie et de la mise au tombeau de son fils, et enfin de sa résurrection le troisième jour. Ce qu'elle supporte dépasse de loin ce que nous comprenons de l'épreuve d'Abraham. Et même si nous ne pouvons le saisir exactement, nous savons qu'elle se tient debout sous la Croix, la devinant en pleurs, silencieuse, confrontée à ce qui apparaît comme l'épreuve des épreuves, ou tout au moins l'épreuve dans l'épreuve. N'est-elle pas en effet éprouvée d'une part par Dieu comme l'a été Abraham, prête à donner son fils, et d'autre part éprouvée comme son fils par la somme de toutes nos mises à l'épreuve, nos refus, nos révoltes, nos murmures, nos revendications et nos transgressions ? Si tel est le cas, elle participerait auprès de son fils à la mise à l'épreuve collective de Dieu par les hommes, ce qui ferait toute la singularité de son épreuve.

Aussi pouvons-nous affirmer que l'épreuve d'Abraham sur le Mont Moriah n'est pas celle de la Mère de Dieu sur le Mont Golgotha, sans pour autant douter que toutes deux permettent une élévation, celle d'Isaac préfigurant celle du Christ et celle d'Abraham annonçant celle de Marie. On mesure alors combien ces figures, l'une de l'Ancien Testament et l'autre du Nouveau, se répondent, se complètent et s'éclairent mutuellement. Elles témoignent d'un mouvement commun de désappropriation et de renoncement à toute volonté propre, l'amour de Dieu et celui de l'humanité passant avant celui de la chair. En cela, elles sont des modèles d'êtres qui ont été sacrifiés en un sacrifice d'obéissance, chacun s'offrant à Dieu par dépouillement et par humilité. En outre, parce qu'ils sont aujourd'hui père et mère des croyants, Abraham et Marie nous montrent de manière exemplaire comment l'épreuve participe de la croissance de l'homme. C'est le cas du patriarche qui, en surmontant l'épreuve, devient pleinement son nom, à savoir « père d'une multitude », et de la Mère de Dieu qui, en étant confiée à Jean et plus largement à nous tous sous la Croix[20], reçoit de Jésus cette vocation d'être « mère d'une multitude ». S'en trouvent hissées en des hauteurs inégalables la paternité d'Abraham et la maternité de Marie, qui, une fois éprouvées, acquièrent chacune une fécondité débordante.

20 Jn 19.27.

Par l'épreuve, Dieu permet donc à l'homme de s'accomplir, ce qui, sans elle et sans Lui, s'avère impossible. Aussi suis-je personnellement concerné par l'épreuve, invité moi aussi à devenir ce que je suis. Pour cela, il me faut, épreuve après épreuve, me laisser transformer, tout en prenant conscience que les mises à l'épreuve dont je suis à l'origine non seulement me desservent, mais abaissent ce que Dieu s'emploie à élever.

fruits

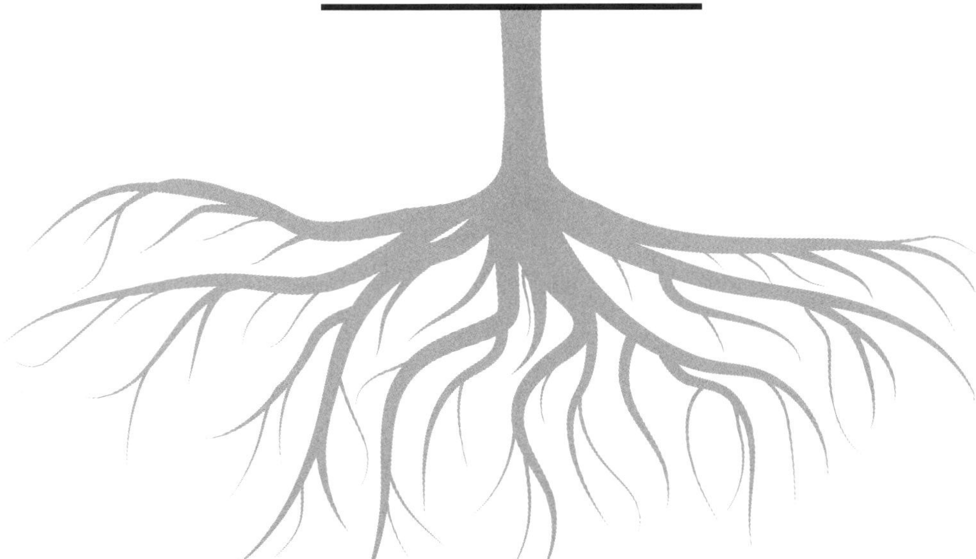

Moi, celui qui éprouve ?

Qu'elle soit divine ou humaine, l'épreuve m'interpelle. Elle me demande de me positionner et d'adopter le juste comportement après lui avoir donné le sens approprié. Pour ce faire, la Bible et la tradition de l'Église sont manifestement mes meilleures alliées. Encore faut-il les consulter et m'interroger : les différentes mises à l'épreuve du texte biblique ne sont-elles pas des invitations à reconnaître que, même si je peux me sentir éprouvé en bien des occasions, la plupart du temps je suis celui qui éprouve l'autre parfois avec grande légèreté ?

Or, en agissant ainsi envers mon semblable, je prétends pouvoir l'élever. Mais qui suis-je pour le présumer ? Une tâche d'éducation peut me revenir, mais éduquer n'est pas accomplir. Aussi suis-je ontologiquement dans l'incapacité de réaliser ce pour quoi l'épreuve est proposée, le Tout-Autre seul étant en mesure de déployer l'homme qu'Il a créé.

Comment concevoir par conséquent que je sois à même d'éprouver Dieu ? Le penser revient à détourner ce qu'est l'épreuve. C'est en effet tout inverser que de se retourner contre Dieu et de L'éprouver quand sa volonté ne correspond plus à mes attentes et à mes souhaits. Non seulement je prends sa place en dérobant la tâche qui Lui revient, mais je fais de Lui un Dieu à ma mesure, donc une idole à ma disposition. Me voici être celui qui, sans être nommé explicitement dans la Bible hébraïque, malmène son Dieu en L'éprouvant individuellement et qui, en laissant ses murmures rejoindre ceux des hommes, participe de toutes les mises à l'épreuve collectives de Dieu par son peuple.

Bien qu'affligeant, ce constat n'est pas pour me désespérer si je sais repérer mes prédispositions à L'éprouver. Ce n'est qu'en précisant tout ce que sa mise à l'épreuve vient mobiliser que je serai à même de ne pas recommencer. Pour cela, les expériences passées des fils d'Israël sont là pour m'instruire. En m'apprenant que dans certaines conditions faire des demandes à Dieu revient à L'éprouver, elles m'invitent à regarder chacune de mes requêtes, voire à la scruter avec honnêteté et humilité en me questionnant : laissent-elles Dieu totalement libre ou essaient-elles de L'enfermer en des revendications que je Lui inflige ?

En outre, à la faculté de demander s'ajoute celle de recevoir. Il est manifeste que si l'homme peut éprouver Dieu en demandant, très souvent Celui-ci nous éprouve en donnant. Pensons aux mises à l'épreuve d'Abraham et des fils d'Israël : elles ont chacune pour origine un don de Dieu, qu'il s'agisse d'une descendance pour le patriarche ou de lois et de manne pour le peuple. Nous devons pour cette raison nous y attarder, d'autant plus après avoir observé que si le premier accepte sans discuter, les fils d'Israël, eux, ne peuvent en retour s'empêcher de L'éprouver. Qu'en est-il donc de leur capacité à accueillir ce que Dieu leur offre ? Il va sans dire qu'accepter un *ḥoq* (loi divine qui ne peut s'expliquer et se comprendre) et un *mishpaṭ* (loi qui régit la vie sociale) ne va pas sans contrariété. Il est si contraignant de respecter des lois qui nous limitent, et plus encore d'obéir à une injonction en tout point incompréhensible. En quoi cependant cette nourriture tombant des cieux met-elle à l'épreuve les fils d'Israël au point d'éprouver Celui-là même qui la fait pleuvoir ? Connaître sa nature en précisant les aliments qui la composent permettrait déjà de nous en approcher. Seulement, nul ne peut la préciser. Son appellation en hébreu biblique le confirme, le mot *manne* étant transcrit d'une expression hébraïque[1] *man hou'*, qui signifie littéralement « Quoi cela ?[2] ». Telle est la question des fils d'Israël quand ils voient sur le sol cette nourriture étonnante. Mais la surprise dépassée, que faire de ce don ? Tout d'abord recueillir la manne un jour pour un jour, ou plutôt six jours pour sept, vu que le sixième, une double ration est à ramasser. C'est là une façon de préparer le shabbat qui, le lendemain, ne permet pas de sortir pour aller la glaner. Impossible pour autant d'en faire des réserves durablement. Moïse avertit le peuple : « Que personne n'en garde jusqu'au matin ! » (Ex 16.19) sous peine de la voir infestée de vers et impropre à la consommation. Ces hommes et ces femmes sont donc appelés à jouir pleinement du don du jour, c'est-à-dire à manger à leur faim en consommant toute la manne quotidienne, sans se soucier du lendemain, sans rien garder ni contrôler. Autant dire que le pari n'est pas gagné, la capacité même des hommes à recevoir étant ici éprouvée. Or, en cas d'impossibilité, qu'il est difficile de ne

1 וַיִּרְא֣וּ בְנֵֽי־יִשְׂרָאֵ֗ל וַיֹּ֨אמְר֜וּ אִ֤ישׁ אֶל־אָחִיו֙ מָ֣ן ה֔וּא כִּ֛י לֹ֥א יָדְע֖וּ מַה־ה֑וּא (Ex 16.15).

2 Nous traduisons.

pas répliquer en se mettant à éprouver Celui qui nous met face à nos infirmités !

C'est dire si l'épreuve de la manne n'est pas sans me concerner. C'est bien quotidiennement que Dieu fait descendre auprès de moi la nourriture terrestre et céleste qu'Il me propose de recevoir. Mais suis-je de ceux qui la ramassent chaque jour pour m'en restaurer ou, au contraire, suis-je dans l'incapacité ou dans le refus de fléchir les genoux pour récolter tout ce qui m'est donné ? Cela dit, recueillir la manne n'est pas la saisir, s'en approcher, se l'approprier, la consommer, vouloir la stocker. Non seulement il me faut envisager qu'elle se tarisse, mais qu'un jour elle disparaisse. Sans cela, j'éprouve Dieu en faisant de ses dons des dus et en revendiquant comme droit ce qui est en réalité une grâce. Cette perversion serait alors symptomatique de trois maux : la négligence, l'oubli et l'ignorance. Saint Marc l'ascète, appelé également Marc le moine, les met particulièrement en exergue en disant d'eux : « Ignorance, la mère de tous les maux, oubli, son frère, son collaborateur, son compagnon, et, tissant dans l'âme le vêtement et le voile ténébreux de la sombre nuée, négligence, qui consolide et renforce les deux autres, qui leur fournit la subsistance et rend le mal permanent dans l'âme tout à fait nonchalante[3]. » La tradition des Pères des premiers siècles est unanime : à l'heure de la tribulation, tel le manque après le don, si j'oublie les interventions passées de Dieu en ma faveur, je fais preuve d'une part de négligence et j'ignore d'autre part la bonté fidèle de Dieu, sa

---

3 Marc le moine, *Traités II*, trad. fr. de Georges-Matthieu de Durand, Paris, Éditions du Cerf, coll. « Sources chrétiennes », 2000, p. 151-153.

présence et ses desseins, jusqu'à faire planer un doute sur sa bienveillance. Or si la chose a pu valoir pour les fils d'Israël, il me faut *a fortiori* en prendre conscience afin de ne pas renouveler l'expérience.

C'est en effet un fruit de l'épreuve que d'éduquer en permettant d'apprendre à cette occasion. Celui-là peut s'avérer amer, mais il m'est indispensable d'entendre qu'en éprouvant Dieu, j'enfreins un interdit. En le transgressant, je mets à mal ma relation avec Lui, dans la mesure où, prenant sa place de Créateur, je perds immédiatement la mienne, celle de créature. Désormais plongé dans la confusion, j'en viens à m'éloigner de Dieu et de sa grâce, m'isolant et me coupant toujours davantage de Lui, jusqu'à L'empêcher de me venir en aide. Je me retrouve ainsi livré à l'ennemi, affaibli par indiscipline et désobéissance.

Mais ai-je seulement conscience que, pendant ce temps, Dieu m'espère et m'attend patiemment ? Il est ce père qui guette le retour de son fils prodigue[4], parti seul en réclamant sa part d'héritage comme un dû, alors que tout est don en ce Père. Aussi me faut-il rentrer en moi-même et, comme ce fils, revenir auprès du Père pour Le laisser m'élever en me rendant participant de sa nature divine.

4 Lc 15.11-32.

Moi, l'éprouvé ?

Cette ascension, nous le savons désormais, ne peut qu'être éprouvante. Encore s'agit-il de bien discerner ce qu'il m'est donné de supporter afin d'éviter de m'illusionner. Constater en effet que ce que je traverse est bouleversant n'est pas suffisant pour m'en remettre totalement à celui qui est derrière ce que je vis. Une question doit être posée : suis-je éprouvé ou tenté ? Autrement dit, est-ce Dieu qui est à l'origine de ce qui vient à moi et m'affecte ou le Satan qui aimerait tant que ses agissements m'infectent ? Cette interrogation est essentielle et nécessite, pour qu'il y soit répondu, de distinguer les intentions derrière chaque épreuve et chaque tentation. Elles sont si diamétralement opposées que ce travail en est facilité.

Comme la racine hébraïque de l'épreuve le précise, quand Dieu m'éprouve, son ambition est de me faire monter l'échelle qui me construit et m'accomplit. C'est le désir de l'amour que de voir croître celui qu'il aime, même si cela passe par l'étape de la purification. En ce sens, l'épreuve divine est toujours à mon profit.

Quand le Malin me tente en revanche, l'espoir est de me voir tomber, dégringoler, régresser et enfin désespérer. Sa volonté est de me détourner de mon Créateur et Sauveur, de détruire ma foi jusqu'à ce que tout lien avec Lui soit rompu.

Épreuve ou tentation, tout est donc une question d'intention et dépend de l'identité de celui qui la cause. Impossible par conséquent de les confondre et pour autant les distinguer n'est pas toujours aisé. C'est que les deux sont souvent entremêlées. L'épître de Jacques dans le Nouveau Testament attire justement notre attention sur le danger de la confusion en précisant : « Que nul, quand il est tenté, ne dise : "Ma tentation vient de Dieu." Car Dieu ne peut être tenté de faire le mal et ne tente personne » (Jc 1.13). La tentation ne vient donc jamais de Dieu et, pour autant, elle n'est pas absence de Dieu. Relisons à ce propos le début du chapitre 4 de l'Évangile de Marc : « Jésus fut conduit par l'Esprit au désert, pour être tenté par le diable » (Mc 4.1). Dieu n'est pas le tentateur, mais Il demeure au cœur de la tentation afin que nous n'y soyons jamais confrontés seuls. Plus encore, et à l'instar de l'expérience de Job, Dieu permet la tentation pour qu'avec notre collaboration, elle devienne une occasion d'élévation, c'est-à-dire une épreuve de foi destinée à nous affermir. De fait, confronté à la tentation, je peux en toute confiance me tourner vers Dieu, certain de sa présence qui, instant après instant, veille sur l'intensité de ce que j'ai à endurer. Saint Paul l'atteste en écrivant : « Les tentations auxquelles vous avez été exposés ont été à la mesure de l'homme, Dieu est fidèle ; il ne permettra pas que vous soyez tentés au-delà de vos forces. Avec la tentation, il vous donnera le moyen d'en sortir et la force de la supporter » (1 Co 10.13). La possibilité m'est ainsi donnée d'en triompher par participation à sa victoire sur tout ce qui attaque l'homme. Ce qui avait pour vocation de m'affaiblir et de me voir chuter se transforme par sa présence et par sa grâce, par Lui et en Lui, en une occasion pour croître et pour me fortifier. Cependant, le Satan contrarié n'est pas sans riposter en habitant lui aussi l'épreuve. Grande serait sa satisfaction dans le combat qu'il mène contre Dieu, si nous pouvions refuser la mise à l'épreuve de Dieu ou nous venger de Lui en L'éprouvant Lui-même ! Dès lors, ne soyons pas surpris de rencontrer en chaque épreuve divine des tentations glissées çà et là par l'Adversaire. Toutes sont des pièges à éviter en faisant nôtres les recommandations que Jésus donne aux disciples à Gethsémani : « Veillez et priez afin de ne pas tomber au pouvoir de la tentation » (Mt 26.41). Vigilance et prière sont requises !

À celles-ci et à ce travail de discernement qui m'apprend à identifier quelles sont les forces en présence, s'ajoutent quelques points à examiner. M'élever ou chuter, il me faut différencier si ce que je vis est une invitation à renforcer ma foi ou, au contraire, à la laisser vaciller par le relâchement, s'ébranler par le doute et sombrer par le découragement. En outre, il me revient de me demander si ce que je vis me pousse dans la pauvreté et l'humilité à me tourner vers Dieu, L'implorant et Le suppliant, ou si, à l'inverse, il m'enorgueillit jusqu'à n'en avoir que faire de ce Dieu dont il est si facile de se passer. Comme le dit Jésus : « C'est au fruit qu'on reconnaît l'arbre » (Mt 12.33) ; à moi par conséquent de distinguer l'épreuve de la tentation en observant ce que chacune produit : la vie ou la mort.

Ainsi éclairé, je peux agir de manière ajustée, ce qui est de ma responsabilité. J'accueille l'épreuve divine en y répondant favorablement et je rejette la tentation, soit en l'ignorant par une « sainte indifférence[5] » selon le conseil de Saint Païssos, soit en la combattant armé de la Parole de Dieu. Telle est la manière de faire de Jésus quand, tenté au désert à trois reprises par le diable, Il réplique en citant des passages de l'Ancien Testament : « Il est écrit : Ce n'est pas seulement de pain que l'homme vivra, mais de toute parole sortant de la bouche de Dieu[6] » (Mt 4.4), « Il est aussi écrit : Tu ne mettras pas à l'épreuve le Seigneur ton Dieu[7] » (Mt 4.7), et enfin : « Retire-toi, Satan ! Car il est écrit : Le Seigneur ton Dieu tu adoreras et c'est à lui seul que tu rendras un culte[8] » (Mt 4.10). Autant dire qu'une fine connaissance des Écritures est salutaire au moment de la tentation.

Il en va de même au temps de l'épreuve. Qu'il s'agisse d'Abraham et des fils d'Israël dans l'Ancien Testament ou de la Mère de Dieu dans le Nouveau, il me faut m'en rapprocher, ces derniers étant tous des compagnons de route donnés pour traverser l'épreuve. Chacun est là pour me questionner : suis-je comme Abraham suffisamment disponible pour percevoir l'appel divin qui m'invite à m'élever ? Et si tel est le cas, à quoi suis-je vraiment disposé ? Peut-être me faudra-t-il prendre moi aussi ce qui m'est le plus cher pour l'offrir ou, comme Marie, m'engager dans une aventure humainement

---

5 Païssos l'Athonite, *Le combat spirituel*, Souroti de Thessalonique, édité par le monastère Saint-Jean-le-Théologien, 2001, p. 34.

6 Dt 8.3.

7 Dt 6.16.

8 Dt 6.13.

impossible ? Pourrais-je alors renoncer à ma volonté tel Jésus à Gethsémani disant à son Père : « Si tu veux écarter de moi cette coupe… Pourtant, que ce ne soit pas ma volonté mais la tienne qui se réalise ! » (Lc 22.42) ? En un mot, suis-je prêt à obéir, en me rappelant avec le métropolite Antoine Bloom que « l'obéissance commence au moment où vous acceptez ce qui dépasse votre compréhension et ce qui excède votre possibilité d'adhésion volontaire. Obéir à quelqu'un dont on comprend l'intention n'est pas un acte d'obéissance, c'est une façon de faire [ma] volonté lorsqu'elle coïncide avec celle de l'autre. Mais il est très éprouvant de poser un acte difficile qui vous place dans une situation intenable, alors que votre propre conviction n'y adhère pas[9] » ? C'est ici tout l'enjeu de l'épreuve que de poser cet acte et de s'en remettre entre les mains de Celui qui dépasse toute logique humaine. Ce saut dans la confiance et l'obéissance est l'une des raisons pour laquelle elle est envoyée.

Une autre finalité de l'épreuve est énoncée dans le livre des Juges[10]. On y apprend que la mise à l'épreuve des fils d'Israël a pour but de voir si l'homme éprouvé entend toujours les commandements de Dieu. S'ajoute à cette fin, une autre visée, celle d'« observer ses commandements » (Dt 8.2) comme le complète un verset du Deutéronome. Or, comme l'indique Raphaël Hirsch à partir du sens de la racine שׁמר (שׁ *shin* – מ *mèm* – ר *rèsh*) à la base du verbe ici traduit par « observer », cela ne consiste pas seulement à les respecter,

---

9 Antoine Bloom, *Vers la paix intérieure*, Mesnil Saint-Loup, Les Éditions des Quatre Vivants, 2020, p. 20.

10 Jg 3.4.

mais aussi à leur « prêter une attention constante », ceci en conservant « constamment présent à l'esprit la volonté révélée de D. [Dieu] sous tous ces aspects ». Et le rabbin d'ajouter que garder est aussi protéger, la tâche nous revenant « d'entourer le trésor qui nous a été confié de mesures protectrices, afin de le conserver dans son intégralité[11] ». Nous devinons par là que rester ouvert, attentif et respectueux des commandements de Dieu pendant l'épreuve n'est pas suffisant, devenir leur gardien étant ce que l'on attend.

Quoi d'autre alors que de se tourner vers sa Loi, c'est-à-dire sa Torah, autrement dit son enseignement ? Je ne peux en effet en être le gardien sans m'en imprégner jour après jour. Et tel est justement ce que Dieu attend de nous en nous mettant à l'épreuve. Alors qu'Il éprouve le peuple en lui envoyant la manne, Dieu dit à Moïse : « Marchera-t-il ou non selon ma loi[12] ? », ce qui pourrait être traduit plus littéralement par : « Est-ce qu'il [le peuple] ira de manière répétée en l'enseignement de moi ou pas[13] ? » Le choix de l'inaccompli[14] pour conjuguer le verbe *marcher* ou *aller* laisse ainsi entendre qu'aller dans la Torah se doit d'être une action habituelle. Aussi comprenons-nous que se plonger dans la Parole de Dieu est en tout point nécessaire : pour la respecter, mais aussi et surtout pour que l'homme qui s'y réfugie soit gardé et fortifié pour surmonter l'épreuve.

---

11 Samson Raphaël Hirsch, *Commentaires du Pentateuque*, t. I, *op. cit.*, p. 646.

12 הֲיֵלֵךְ בְּתוֹרָתִי אִם־לֹא׃ (Ex 16.4).

13 Nous traduisons.

14 הֲיֵלֵךְ : hé interrogatif + הלך à l'inaccompli pa'al, 3e masculin singulier.

À cette fin, la tradition de l'Église et notamment celle des Pères délivre quelques conseils tout en précisant certains écueils à éviter. Se révolter contre l'épreuve, y résister ou la commenter, voire essayer de la comprendre par tous les moyens et notamment les siens, c'est-à-dire en chercher éperdument les causes, constituent autant d'impasses qui la rendent plus difficile encore. Le père Joseph l'Hésychaste qui parle d'expérience écrit à ce propos : « Mais si tu dis : "Mais pourquoi ?", tu combats contre Dieu qui envoie les afflictions à cause de ta condition d'être sujet aux passions. Dieu nous éprouve, pour que nous parvenions à l'impassibilité[15]. Et, si tu ne les supportes pas, tu batailles vraiment contre Dieu[16]. » Évitons donc d'ajouter à ce qui nous éprouve l'épuisement d'un combat inutile.

Nourris par la Parole de Dieu et occupés par le souvenir de cette présence divine bienveillante et fidèle, revêtons-nous de patience et de persévérance pour supporter sans murmurer et en toute confiance. Debout, en silence et en pleurs, la Mère de Dieu sous la Croix est en cela le modèle et le soutien, tout comme peuvent l'être également les témoignages d'autres saints, qui nous encouragent sans cesse à endurer, en nous rappelant que l'épreuve divine n'est pas seulement pour la croissance et le salut d'un homme, mais pour celui de toute l'humanité.

---

15 L'impassibilité chez les Pères de l'Église désigne l'état de quiétude auquel l'homme accède après une longue pratique ascétique qui le libère des passions, c'est-à-dire de tout ce qui l'entrave, l'enchaîne et le fait chuter.

16 Joseph l'Hésychaste, *Lettres spirituelles*, Lausanne, L'Âge d'Homme, 2005, p. 35.

L'essentiel est ici pointé, il n'est ni dans les causes ni dans le contenu de l'épreuve, mais bien dans l'attitude de celui qui se voit un jour éprouvé : vivra-t-il cette étape en orphelin, replié sur lui-même, sur sa douleur, sa colère, sa désolation, son désespoir, ses refus, autrement dit dans une attitude de fermeture ou, au contraire, va-t-il essayer de la traverser en fils, dans une attitude d'ouverture et d'abandon à une présence plus grande au cœur même de ce qui l'éprouve ? Ces deux voies si différentes ne donneront pas les mêmes fruits. Reste à user de sa liberté pour décider du chemin à emprunter.

Une présence à accueillir

En acceptant d'être éprouvé, il est certain que l'aide nécessaire sera donnée. C'est que Dieu ne nous délaisse nullement pendant l'épreuve. Il la guide et la conduit en nous montrant quelle montagne gravir, tout en nous envoyant au moment opportun un humain pour nous accompagner ou un messager pour nous réorienter. N'est-ce pas un ange qui sur le Mont Moriah s'exclame auprès du patriarche : « N'étends pas la main sur le jeune homme. Ne lui fais rien, car maintenant je sais que tu crains Dieu, toi qui n'as pas épargné ton fils unique pour moi » (Gn 22.12) ?

Il plaît en effet à Dieu d'agir discrètement afin de laisser pleinement l'homme se hisser sur l'échelle de son ascension. Silencieusement et amoureusement, Il ne cesse cependant de le soutenir, et même de le porter comme le révèle la première mise à l'épreuve de toute la Bible. Il suffit pour cela de regarder les termes hébraïques correspondant à ces mots : « Dieu mit Abraham à l'épreuve » (Gn 22.1). En les observant, on remarque une annotation[17] de la part des massorètes[18], au-dessus du verbe *éprouver*, invitant le lecteur attentif à consulter une note en marge du texte hébreu. Celle-ci in-

---

17 Un cercle suscrit.

18 Les massorètes sont ces savants juifs qui, entre le VIIe et le Xe siècle, ont fixé par écrit la prononciation et la vocalisation du texte de la Bible hébraïque par l'ajout de différents signes auxquels s'ajoutent des notes en marge.

dique que נסה, *éprouver*, est à rapprocher d'un autre verbe très proche et homophone נשׂה (נ *nun* – שׂ *sin* – ה *hé*), qui signifie « porter », les consonnes ס (*samèkh*) et שׂ (*sin*) qui les distinguent se prononçant de manière identique. Cette combinaison de deux verbes n'est pas un hasard. Elle permet de donner au texte une profondeur sans précédent en permettant de lire « Dieu éprouva Abraham », tout en entendant conjointement « Dieu porta Abraham ». S'ensuit que, quand Dieu nous éprouve, Il nous porte en même temps. Une manière de confirmer une fois encore que l'épreuve est bel et bien une élévation, sinon une double élévation : la sienne qui nous porte et qui permet par conséquent de nous élever à notre tour.

Une posture à adopter

En de telles conditions, l'épreuve divine prend un tout autre visage. Tout en restant essentielle et décisive, elle devient nécessaire et fondatrice en ce qu'elle permet de faire l'expérience de la grâce. Le starets Thaddée de Vitovnica souligne à ce propos : « Sans épreuves, il n'existe pas de grâce divine[19]. » C'est dire si elle est importante sur le chemin de l'homme. Saint Macaire dit en ce sens qu'elle est une préparation indispensable à l'entrée dans le Royaume. Il affirme dans une de ses homélies que « personne ne peut entrer dans la vie sinon par de multiples épreuves, un long entraînement, beaucoup d'outrages[20]. C'est ainsi que notre être, une fois entraîné, doit entrer dans le Royaume ; sans entraînement, nul n'y pénètre[21] ».

---

19 Starets Thaddée de Vitovnica, *Paix et joie dans le Saint Esprit. Enseignements – Homélies – Entretiens*, Lausanne, L'Âge d'Homme, 2010, p. 65.

20 Gardons-nous d'une lecture trop hâtive et déformée des propos de Saint Macaire qui laisserait penser que Dieu souhaite que l'homme souffre pour entrer dans le Royaume. Dieu ne veut jamais la souffrance des hommes, Il n'en est pas la cause et, plus encore, en souffre le premier. Les épreuves, l'entraînement et les outrages mentionnés par Saint Macaire sont à comprendre comme des moyens permettant à l'homme de s'élever sur l'échelle de la sainteté. Les premiers disciples disaient déjà de même quand ils affirmaient dans les Actes des Apôtres, qu'il leur fallait « passer par beaucoup de détresses, pour entrer dans le Royaume de Dieu » (Ac 14.22).

21 Pseudo-Macaire, *Œuvres spirituelles I. Homélies propres à la Collection III*, trad. fr. de Vincent Desprez, Paris, Éditions du Cerf, coll. « Sources chrétiennes », 1980, p. 73.

Comprise comme telle, l'épreuve n'est plus pour moi à subir dans la tristesse, mais à accueillir dans une certaine allégresse, conscient que, par elle, le moyen m'est donné de m'approcher de ce lieu qui m'est destiné. Je peux dès lors la souhaiter sans la redouter, m'y préparant tout en l'attendant. L'apôtre Pierre ne nous dit rien d'autre quand il écrit dans sa première épître : « Aussi tressaillez-vous d'allégresse même s'il faut que, pour un peu de temps, vous soyez affligés par diverses épreuves, afin que la valeur éprouvée de votre foi – beaucoup plus précieuse que l'or périssable qui pourtant est éprouvé par le feu – obtienne louange, gloire et honneur lors de la révélation de Jésus Christ, Lui que vous aimez sans l'avoir vu, en qui vous croyez sans le voir encore ; aussi tressaillez-vous d'une joie ineffable et glorieuse, en remportant, comme prix de la foi, le salut de vos âmes » (1 P 1.6-9). Puis-je rendre grâce plus encore, conscient que tenté par le Satan, malmené par les hommes ou éprouvé par Dieu, l'assurance m'est donnée que « le visage de Dieu se profile derrière toute vie » et, comme poursuit Maurice Zundel dans l'une de ses homélies, « qu'au fond de toute réalité il y a quelqu'un qui nous attend et quelqu'un qui nous aime[22] » ?

22 Maurice Zundel, *Vivre Dieu. L'art et la joie de croire*, Paris, Presses de la Renaissance, 2007, p. 54.

אַשְׁרֵי־הָאִישׁ *('ashré-ha'ish)*
Il avance à grands pas[1] l'homme

qui rencontre l'arbre de l'épreuve divine…

** et qui entend son Dieu l'appeler jusqu'à le supplier d'accepter ce qui va arriver*

** grandir, s'accomplir et s'élever est ce à quoi il est invité*

** guidé, espéré et porté par Celui-là même qui le fait progresser*

** la Torah toujours là pour le garder et lui apprendre à traverser*

** des compagnons expérimentés présents pour lui indiquer les pièges à éviter*

** bouleversée mais fortifiée, sa foi soutenue par la grâce a le pouvoir d'en triompher*

…bienheureux est-il.

1 Ps 1.1. Nous traduisons l'expression אַשְׁרֵי־הָאִישׁ en nous appuyant sur les travaux de Raphaël Hirsch, qui rappelle que la racine אשר à la base du premier mot de cette expression (אַשְׁרֵי) exprime en premier lieu l'idée de « progresser, d'avancer, de faire un pas en avant ». En grec, ce mot fut traduit par *makarios* (μακάριος), qui signifie « heureux » ou « bienheureux ». C'est ainsi que débute le texte des Béatitudes en Mt 5.1-12.